〔英〕温斯顿·丘吉尔—著　　李国庆等—译

CHURCHILL'S MEMOIRS OF WORLD WAR II
丘吉尔二战回忆录

盟军登陆

SPM
南方传媒　广东人民出版社
·广州·

图书在版编目（CIP）数据

盟军登陆 /（英）温斯顿·丘吉尔著 ; 李国庆等译.
广州 : 广东人民出版社 , 2024. 8. --（丘吉尔二战回忆
录）. -- ISBN 978-7-218-17982-7

Ⅰ. K835.617=5 ; K152

中国国家版本馆 CIP 数据核字第 2024M52X65 号

QIUJI'ER ERZHAN HUIYILU · MENGJUN DENGLU

丘吉尔二战回忆录·盟军登陆

［英］温斯顿·丘吉尔 著　李国庆等 译　　　版权所有　翻印必究

出 版 人：肖风华

责任编辑：范先鋆　戴璐琪
责任技编：吴彦斌
封面设计：贾　莹

出版发行：广东人民出版社
地　　址：广州市越秀区大沙头四马路 10 号（邮政编码：510199）
电　　话：（020）85716809（总编室）
传　　真：（020）83289585
网　　址：http://www.gdpph.com
印　　刷：三河市人民印务有限公司
开　　本：787 毫米 × 1092 毫米　1/16
印　　张：12.75　　字　　数：187 千
版　　次：2024 年 8 月第 1 版
印　　次：2024 年 8 月第 1 次印刷
定　　价：68.00 元

如发现印装质量问题，影响阅读，请与出版社（020-87712513）联系调换。
售书热线：（020）87717307

《丘吉尔二战回忆录》译者

（排名不分先后）

李国庆	张 跃	栾伟霞	曾钰婷	刘锡赟	张 妮
李楠楠	汤雪梅	赵荣琛	宋燕青	赖宝滢	张建秀
夏伟凡	王 婷	江 霞	王秋瑶	郑丹铭	姜嘉颖
郭燕青	胡京华	梁 楹	刘婷玉	邓辉敏	李丽枚
郭轶凡	郭伊芸	韩 意	李丹丹	晋丹星	周园园
王瑨斑					

战争时：意志坚定
战败时：顽强不屈
胜利时：宽容敦厚
和平时：友好亲善

致　谢

　　在完成前几卷的过程中，陆军中将亨利·波纳尔爵士、艾伦海军准将、迪金上校以及已故的爱德华·马什爵士、丹尼斯·凯利先生和伍德先生都曾给予我很大的帮助，我必须再次向他们表达我衷心的谢意。此外，我还应当感谢仔细阅读初稿，并提出建议的许多其他人士。

　　写作过程中，空军上将盖伊·加罗德爵士为我提供了空军方面的资料，在此一并谢过。一直以来，伊斯梅勋爵以及我的其他朋友都不断给予我帮助。

　　承蒙政府的准许，我得以复制一些官方文件——其王家版权为政府文书局局长所有，特此致谢。遵照政府的要求，出于安全考虑，我对本卷①刊登的某些电文进行了改写。这些改动没有影响原文的内容和本质。

　　罗斯福财物保管理事会允许我援引总统的电文，对此我表示感谢。此外，对那些同意刊登其私人信件的人们，我同样致以谢意。

---

　　①　原卷名为"胜利与悲剧"，现分为《盟军登陆》《捷报频传》《胜利近在眼前》《铁幕落下》四册。——编者注

前　言

　　本卷（《盟军登陆》《捷报频传》《胜利近在眼前》《铁幕落下》）宣告了整个二战回忆录的尾声。英美部队于 1944 年 6 月 6 日登陆诺曼底；十四个月后（1945 年 8 月），我们的敌人全部投降。此间发生的一系列重大事件让这个文明世界为之震惊：纳粹德国溃败并被瓜分占领、苏联确立了在东欧的中心地位、人类第一次在战争中使用原子弹、日本战败。

　　和前几卷一样，我会就我所知进行讲述；当时我作为英国首相和国防大臣也亲身经历了这一切。我对二战的讲述也基于当年在严酷考验下撰写的文件和演讲稿，因为我坚信这些史料比事后的想法更加真实、可靠。本书原稿大约两年前就已完成。然而书中所述事实仍需查证，所含原始文件的发表也需征得各方同意，但由于我事务缠身，无法亲力亲为，因此只能对这一过程进行监督。

　　我为本卷取名为"胜利与悲剧"，因为伟大的盟国虽然取得了决定性的胜利，但迄今为止并未给这个令人忧心忡忡的世界带来和平。

温斯顿·丘吉尔
于肯特郡，韦斯特勒姆，恰特韦尔庄园
1953 年 9 月 30 日

目录
CONTENTS

第一章

ONE

D日

诺曼底登陆——向下议院汇报——斯大林发来重要消息——敌方在"大西洋壁垒"的部署情况——德国警报系统瘫痪——龙德施泰特的失误——乘坐英国军舰"克尔文"号巡视——马歇尔将军发出消息

为了这场史上最大规模的两栖作战行动，我们做了长期的计划和准备，直至 1944 年 6 月 6 日告成。登陆前夕，在敌方不知情的情况下，庞大的舰队及其护航舰从怀特岛沿着已扫雷的海峡驶向诺曼底海岸。皇家空军使用重型轰炸机轰炸敌方混凝土掩体内的海防大炮，投掷了五千二百吨的炸弹。黎明时分，美国空军飞临战场，开始轰炸其他海岸防御工事。紧接着，中型轰炸机和战斗轰炸机也加入战事。6 月 6 日这一天内，盟国空军共出动一万四千六百多架次。我们在空军方面占有极大优势，敌方空军白天仅出动一百架次阻挠海滩进攻。午夜时分，三个空降师开始降落；英国第六空降师在卡昂东北部降落，以夺取该城和大海之间那条河流上的滩头阵地；两个美国空降师在卡朗唐北部降落，以协助海上登陆部队进攻海滩，并堵截敌人后备军向科唐坦半岛调动。尽管空降师在一些地区的分布比原计划要散乱，但我们还是达成了目标。

拂晓时分，大小舰船陆续启航驶往预定阵地准备进攻，那场面堪比一场阅兵仪式。敌人当时只能用鱼雷艇进行直接反击，还击沉了一艘挪威驱逐舰。甚至当我方海军开始轰炸时，敌方海防炮台的反击依然盲目无效。毫无疑问，我方的奇袭战术奏效了。登陆艇和支援舰艇均编成了小组，载着步兵、坦克、自行火炮、各类清扫海滩障碍物的武器及工兵爆破队，朝着海滩挺进，其中包括两栖坦克。这是此型坦克第一次在战争中大批量使用。由于昨天天气恶劣，战况十分严峻，许多两栖坦克中途沉没。

驱逐舰连同载有大炮和火箭炮的登陆艇连续向滩头防御工事展开猛攻，同时，远处临海的战列舰和巡洋舰压制敌方海防炮台的炮火。地面反攻力量一直十分微弱，直到首批登陆艇驶向海岸一英里远时，敌人迫击炮和机关枪的火力才不断增强。当时情况严峻，浪潮汹涌，障碍物仅有部分露出水面，而且各处遍布水雷，登陆变得极其危险，许多登陆艇卸载军队后便沉没海底，但我们仍继续向前挺进。

先头步兵一登岸就径直朝着目标猛冲，除有一处未达成目标之外，其余各处都取得极大进展。美国第五军在巴约西北部的奥马哈海滩遭遇敌方顽强抵抗。不巧的是，驻扎在这一防区的敌方防御军队刚由德军一个师全权接管，处于戒备状态。我们的盟军整日奋力激战争取抢占据点，直到 7 日，在付出了牺牲几千名士兵的代价下，才得以向内陆挺进。尽管我们未达成所有预期目标，尤其是卡昂仍牢牢掌握在敌方手里，但我们还是在发起进攻的头两天取得了不小的进展，大家对此感到十分满意。

一批德国潜艇从比斯开湾驶来，冒着危险沿着海岸高速行驶，企图阻止我们的进攻。但我们早已做好防备。英吉利海峡西岸入口由众多飞机守卫，形成了我们的第一道防线。其后，海军舰队负责掩护登陆行动。德国潜艇遭到我方全面防御，几乎寸步难行。在关键的头四天，我方空军击沉六艘德国潜艇，还重创六艘。敌方的进攻丝毫未能影响作战护航舰队，因而我方几乎安然无恙地继续向前挺进。如此一来，敌人变得更为谨慎，但依然未取得任何进展。

*　　　*　　　*

6 月 6 日中午，我请求下议院"正式听取亚历山大将军指挥下的盟军业已解放罗马的报告"，这一消息于前一晚公布。获悉盟军此刻正在法国登陆，下议院上下十分兴奋。可是，我还是用了十分钟时间简述意大利境内的战况，并向在那里作战的盟国军队致以敬意。就这样，让他们急切不安了一会儿后，我才接着说道：

　　我也得向你们宣布，昨日晚间及今日清晨，我们原定的欧陆登陆系列行动已拉开帷幕。此次我们的目标是法国海岸。约四千艘舰船，连同数千艘规模较小的舰船一起穿过海峡。大规模空军已在敌人后方成功着陆，海滩登陆行动目前正在多处分头进行。沿岸炮台的火力大体已被压制住。敌方在海岸设置的障碍物也并未如想象的那般难以摧毁。一万一千架一线飞机支援着英美盟军，且这些飞机均可按战事需要进行调集。

　　当然，我无法详述任何细节。战报正频频传来。到目前为止，据参战的指挥官汇报，一切都在按照原计划进行。我们的作战计划十分完备！毫无疑问，此次大规模作战行动是历史上最复杂、也是最艰难的一次。在海空方面我们需要考虑潮汛、风向、浪潮和能见度，同时还需考虑海陆空三军高度密切的联合部署，以及无法充分预见的因素。

　　我们的奇袭战术有望取得成效。我们的计划是在战斗过程中不断出其不意地袭击敌方。战火已经点燃，之后数周将愈演愈烈，战事进一步蔓延，我无法对此预测。然而，我可以这么说：盟军上下团结一致，我们和美国朋友情同手足。而且，我们完全信任最高统率艾森豪威尔将军及其副官以及远征军司令蒙哥马利将军。如我亲眼所见，在过去的几天里，军队士气如虹，战斗热情高涨，令人备受鼓舞。在战争中，设备、技术和谋略都极其重要，我们也未曾忽视过其中任何一项，指挥官们及其效力的英美政府决心以最大的努力开辟这一伟大新战线。

　　到了下午，我认为应当把这一切告诉斯大林。

一切进展良好。我们已经很大程度上扫清了水雷、障碍物和地面排炮。空降规模庞大，且空降过程十分顺利。步兵登陆行动进展迅速，许多坦克和火炮也已被运上海岸。天气状况逐渐好转。

1944年6月6日

他很快回复了我的电报，并给我们传达了一个至关重要的好消息。

斯大林元帅致首相：

来电收悉，"霸王"行动开局制胜，我们同感欢喜，期盼更大的胜利。

依据德黑兰会议共识，我们组织的苏军夏季攻势行动将于6月中旬在前线的一个重要防御地段展开。

苏军总攻行动将按阶段逐步展开，并随之不断增加作战人马。在6月底和整个7月，将演变成苏军的总攻大作战。

到时候我定会告知您相关进展情况。

1944年6月6日

实际上，收到斯大林的回电时，我正准备向他详述我们的进展情况。

首相致斯大林元帅：

1. 直至今天（7日）中午，我对战况都非常满意。仅在一处美军登陆的海滩上，我们遇到了顽强抵抗，但目前已扫清障碍。两万空降兵已在敌人战线侧翼后方安全着陆，并与英美海军取得了联系。横穿海峡时，我们也未遭受太大损失。原本我们估计会在那儿损失一万名士兵。我们希望二十五万人的部队今晚能顺利登陆，其中包括大批坦克，这些坦克都将由特种舰艇运至海岸或是自行涉渡上岸。坦克涉渡上岸的

时候，被汹涌的海浪掀翻，损失严重，尤其是美军战线方面。当前我们还得预计到敌方会激烈反攻，希望我们的装甲力量能更胜一筹。当然，一旦云雾消散，我们就能在空中占据绝对优势。

2. 昨晚深夜，在卡昂方向，我们刚登陆的装甲部队与敌方第二十一装甲师的五十辆坦克交火，最后敌人败退。英国第七装甲师正开往战场，我们在几天内抢占了先机。但问题是，敌方下周会集结多少兵力应战？天气似乎不会影响我们继续进攻。确实，现在的天气状况较之前更利于我方。我们实际的登陆行动比预期要顺利，所有指挥官对此都十分满意。

3. 绝密。我们正打算在塞纳河口宽广多沙的海滩迅速建起两个大型人造港。这样的海港是前所未见的。大型远洋轮船可以在这里卸货，多个码头可以向作战部队运送物资，这一点绝对是敌方意想不到的。此外，港口的建造也不会受到天气条件的制约。我们希望尽早拿下瑟堡。

4. 另一方面，敌方将迅速集结重兵，战斗仍将持续，而且战斗规模也会愈来愈大。尽管如此，我们仍希望在发起进攻后的三十天之内，能完成二十五个师及其所辖部队的部署任务。同时，第二条战线的两个侧翼都能沿海岸展开，并囊括至少三个良港——瑟堡和两个人造港。这条战线将不断扩展，我们还希望之后能将布雷斯特半岛囊括进去。然而，这一切都要根据战况进行调整。斯大林元帅，您对此是再熟悉不过了。

5. 这次登陆十分成功，同时我们还在罗马取得了胜利。可是我们的胜利果实仍面临着被德寇半路截取的危险。我们希望，这些胜利能给贵军英勇的将士带去鼓舞，毕竟他们不得不承受巨大压力。除了贵国以外，没人能比我更切实地感受这种压力。

6. 在我口授上述电文内容之时，我收到您关于"霸王"

行动顺利开展的贺电,文中提及苏军夏季攻势的情况。对此,我向您表示诚挚的谢意。我希望您也能留意到,我们从未向您提出过任何质疑,因为我们对您、对贵国、对贵国军队完全信任。

1944 年 6 月 7 日

斯大林回复:

斯大林元帅致首相:

我已收到您 6 月 7 日的来电,得知"霸王"作战行动顺利进展的情况。我们向您和英勇的英美军队致敬,诚挚地希望你们取得更大的成功。

苏军夏季攻势的准备工作已接近尾声。明天,即 6 月 10 日,第一阶段的夏季攻势行动将在列宁格勒战线展开。

1944 年 6 月 9 日

我立刻将这个消息转达给罗斯福。

斯大林又于 6 月 11 日来电:

显然,此次规模庞大的登陆行动已大获全胜。我和我的同僚们都不得不承认,此次作战规模之大、作战布局之广及执行手法之巧妙,历史上没有哪一次战事能与之相提并论。众所周知,拿破仑当年曾想强渡海峡却遭惨败。歇斯底里的希特勒还曾鼓吹过两年,说要强渡海峡,可最后都无法下定决心放手一搏。只有我们盟军光荣地完成了强渡海峡这项庞大计划。历史将记下这一辉煌的成就。

"庞大"(grandiose)一词是根据我所收到的俄文电报译出的。我认为,"宏伟"(majestic)一词可能才是斯大林想表达的意思。无论如何，一切都很完美。

*　　　*　　　*

　　既已知晓敌方的部署和计划，那我们对此作进一步研究吧。龙德施泰特元帅率领六十个师，负责整个大西洋壁垒的海防——从低地国家至比斯开湾，以及从比斯开湾至法国南部海岸线。其手下干将隆美尔负责从荷兰至卢瓦尔河的海防。隆美尔率领的第十五集团军配备十九个师，控制着多佛尔和布伦之间的区域；他还率领着第七集团军，其中九个步兵师和一个装甲师驻扎在诺曼底。整个西线上的十个装甲师分散部署在比利时和波尔多之间，如雄鹰展翅一般。德军目前处于守势，但他们却重蹈法国 1940 年的覆辙，把用以反攻的最有力武器分散布置，真是怪事。

　　隆美尔于 1 月底接掌指挥权，而就在此前，他对防御部署极为不满。经他一番努力，部署情况大为改善。他们在海岸沿线筑设了一条混凝土环形防线；在水下，尤其在高水位标志的下方，埋设水雷并布设各式各样难以突破的障碍物；架设固定的大炮直指海面，还利用野战炮兵防守海滩区域。尽管第二条防线尚未完整地构筑起来，但其后方村落的防御工事都得以极大地加固。对于这些改进，隆美尔仍然不满，如果当时他有更多的时间，我们的任务将会更加艰巨。我们最初进行的海空轰炸并未能破坏他们的混凝土防线，但却震慑住了守军，削弱了他们的火力，扰乱了他们的雷达。

　　德国的预警系统已经完全瘫痪。从多佛尔到格恩西岛，德军之前配备了至少一百二十套雷达设备，用于侦察我方护航舰队并指挥沿岸炮台的炮火。这些设备被分编在四十七个雷达站。然而，我们侦察到所有设备情况，用飞机搭载火箭弹成功对其展开轰炸。因此，到进攻发起日的前一晚，他们可用的雷达仅剩六分之一。针对这部分残余设备，我们利用一种名为"窗户"的锡箔条装置，模仿一支向费康东部驶去的护航舰队，混淆雷达信号。因此，他们的雷达并未侦察到实际的登陆行动。卡昂附近的一个雷达站勉强正常运行，并侦察到英军靠近的战情，但这一情况未被其他任何一个雷达站佐证，测绘中心也未予以处理。这些还不是我们克服的唯一威胁。两年前，因其掩护"沙恩霍斯特"号和"格奈森诺"号成功穿过海峡，敌军备受鼓舞，建造了许多干扰站，企图阻挠指挥我方夜间作战的舰船并扰乱我军用于准确测定着陆方位的雷达信号。但我们通过侦察发现了所有的干扰站，轰炸机指挥部对其展开了几次密集轰炸。所有干扰均被清除，我们的无线电和雷达得以保全。值得一提的是，进攻发起日盟军在无线电方面的功劳都应归属英国。

此次进攻筹备已久，规模巨大，最终能在时间和地点上令敌人始料未及，着实了不起。德国最高指挥官接收到的消息称，那天天气条件极不适合两栖作战，此外，他们空军方面最近也未向最高指挥官汇报我方上千只舰船在英国海岸聚集的情况。6月5日一早，隆美尔离开指挥部前往贝希特斯加登拜访希特勒，当德军遭受攻击之时，他仍身在德国。关于盟军会在哪条战线展开进攻，他们各执一词。龙德施泰特一直坚信，盟军主攻地点将选择多佛尔海峡，因为那里海路最短，而且是直逼德国心脏的最佳途径。隆美尔与他早已就此达成共识。然而，希特勒及其幕僚似乎已经收到情报，认为诺曼底将会成为主战场[1]。即使我们已经登陆，一切仍是前途未卜。为了下定决心派遣两个最近的装甲师前去支援，希特勒还白白浪费了极为重要的一天时间。德国情报处高估了英国军队的数量及其可调集的舰船数量。据他们推算，盟军资源极为丰富，足以开展第二次大规模登陆行动，因此诺曼底登陆可能只是一场预演，而非主要的进攻行动。6月19日，隆美尔向冯·龙德施泰特报告"……预计在格里斯内斯海角两岸的海峡战线或是在索姆河与勒阿弗尔之间，将会有一场大规模的登陆行动"[2]。一周后，他再次发出这一警告。于是，直到7月的第三周，即发起进攻

---

[1]　参阅布卢门特里特的《冯·龙德施泰特》。
[2]　参阅切斯特·威尔莫特的《争夺欧洲》。

之日后的第六周，第十五集团军的后备军才从多佛尔海峡调至南部参战。我们在进攻日前后采取的迷惑性的举措，就是为了扰乱敌方的判断。这些举措成功奏效，并对战争产生了深远影响。

＊　　　＊　　　＊

6 月 10 日，蒙哥马利将军发来电报称，他已在海岸安顿下来，可以接待来访。于是，我同史末资、布鲁克、马歇尔将军和金海军上将搭乘专列前往朴次茅斯。美国三军参谋长于 6 月 8 日一同飞往伦敦，以防需要在短时间内做出重要的军事决定。英美各派出一艘驱逐舰等候着我们。史末资、布鲁克和我登上前一艘驱逐舰，马歇尔将军和金海军上将则同他们的随行搭乘后一艘驱逐舰。我们穿过海峡，顺利到达各自的目的地。当我们走下登陆艇时，蒙哥马利面带微笑、满怀自信地在海滩上迎接我们。他的军队已经深入内陆七至八英里。硝烟已止，天气晴好。我们驱车在诺曼底这片面积不大却富饶的领地穿梭。乡间一片富庶景象，令人惬意。田野到处是可爱的红白花奶牛，在阳光下晒暖、游荡。居民们生活富足，看起来心情愉悦，他们还热情地朝我们挥手。蒙哥马利的总部设在内陆五英里左右的一间别墅，四周草坪湖泊环绕。中午我们在一个朝着敌军方向的帐篷里共进午餐。将军兴致高涨。我问他，实际的火线离这里多远。他说，大约三英里。我又问道，我们的防线是否是连续不间断的。他回答："不是。""那有什么措施可以防止德国装甲师侵入干扰我们午餐吗？"他说他认为敌方装甲师不会进攻这里。但参谋却告诉我，就在前一天晚上，这间别墅遭受了猛烈的轰炸，周围确实有很多弹坑。我跟将军说，如果一直都是这样的想法，就冒太大的风险了。任何事都可以在当下或是短期内完成，但在战争中，可能的话，还是要避免惯性思维、重复犯错和拖延。事实上，他两天后就转移了阵地，不过还是在他和部下再次吃苦头的情况下才搬走的。

战事进展一切顺利，除了偶尔能听到空袭警报和防空炮火声之外，战争似乎已经结束。我们仔细检查了一番仅存的几座桥头堡。我还特地巡视了当地的几个港口：波尔—安—贝散、库尔塞尔和伍伊斯特朗。我们为此次大规模侵袭制订的各种计划并未寄希望于这些当地小港。但事实证明，这些小港的作用很大，很快就被投入使用，每天卸货两千吨左右。我对这些可喜的战果如数家珍，每次我们在这片面积狭小但引人入胜的领地上驱车或散步的时候，我都会细细回味。

史末资、布鲁克和我乘坐"克尔文"号驱逐舰回国。维安上将也在舰上，他那时正负责指挥小型舰队和轻型舰队保卫阿弗朗什港。他提议，我们去看看用来掩护英军左翼的战列舰和轰炸德军的巡洋舰的情况。于是，我们在两艘战列舰间穿过，他们正朝两万码处开炮；之后我们驶过巡洋舰中队，他们正向一万四千码处开火；很快我们便到达距离海岸七八千码处，海岸被密集的树木覆盖着。我军从容不迫、连续不断地展开轰炸，但敌方却未有任何回应。在即将掉头的时候，我对维安说："既然我们现在距离敌军这么近，为何不在我们回去之前向敌人开火呢？"他回答说："当然可以。"于是，一两分钟之后，我们所有的枪炮都朝着那片寂静的海岸开火。当然，我们自己已身处敌方射程内，所以我们这边一开火，维安就赶紧调转舰艇，以最快的速度驶离。

很快，我们便脱离了危险，驶经巡洋舰中队和战列舰。这也是我平生第一次乘坐炮火开得正"凶猛"的皇家战舰——如果可以这样说。我钦佩这位上将的冒险精神。史末资也非常高兴。在返回朴次茅斯的四小时行程中，我好好地睡了一觉。总之，这一天非常有趣，我也乐在其中。

*　　*　　*

在火车上，我们遇见了美国三军参谋长。他们对美国滩头阵地的见闻十分满意，并对我们准备已久的计划和执行力满怀信心。我们怀着愉悦的心情共进晚餐。享用晚餐之际，我留意到马歇尔将军在奋笔疾书，不一会儿，他把写给蒙巴顿海军上将的信递给我，建议我们所有人在信上签名。

今天，我们巡查了在法国领土上作战的英美军队。我们驶经大批舰队，多种类型的登陆艇正向海岸源源不断地运送人员、车辆和物资。我们清楚地看到军队正在迅速进行调集。我们互通有无，全力互助。虽然您现在还身处艰巨的作战行动中，但我想告知您，我们深知，如此卓越的作战技艺和随之取得的卓越战绩都应归功于您和您率领的联合作战人员。

阿诺德、布鲁克、丘吉尔、马歇尔、史末资

1944 年 6 月 10 日

蒙巴顿必然十分珍视这份褒奖。若是没有三军联合作战部的指挥（该作战部由凯斯海军上将于 1940 年成立，并在其继任者的领导下取得丰硕成果），这场规模巨大、错综复杂、配备新式精密设备的作战行动就无法取得成功。

*   *   *

一有时间，我便向我那两位了不起的伙伴写信汇报。

首相致斯大林元帅：

周一，我巡查了英国战区前线，您可能已在报纸上看到了这个消息。战争仍在继续，当时我们有十四个师的兵力在那条长达七十英里的战线上作战。敌方有十三个师，不如我方的兵力充足。敌军正从后方赶来增援，但我认为，我们从海上聚集援兵远比敌军从后方增援来得迅速。这座舰艇之城沿海岸伸展，长达五十英里，放眼望去，蔚为壮观。虽然空军和潜艇近在咫尺，但很显然，这里并不会受其威胁。我们希望能够包围卡昂，或许还可以在那里捕获一些战俘。截至两天前，战俘数量共计一万三千名，超过我方伤亡总数。因此，可以说，尽管我方一直处于守势，敌方遭受的损失却比我方多一倍。昨日，一切进展相当顺利，尽管敌方战略后备军的参战令他们越发顽抗。我料想，敌我双方会有一场各百万人的大战，而战事也将持续到整个6月和7月。我们计划在8月中旬前调集二百万士兵参战。

祝您在卡累利阿取得成功！

1944 年 6 月 14 日

同日，我写了一封信给总统，谈及各项问题，包括戴高乐访问一事。此事我事先未征求罗斯福的意见就已做出安排。我补充说道：

周一，我在海滩和内陆度过了愉快的一天。大批舰队沿海岸线铺开，长达五十英里。人造港口保护舰队免受恶劣天气影响的作用将日益突显，这些港口建设在各方面都进展顺利，很快就能投入使用，发挥其应有的作用。此外，我方空军和反潜艇力量也为这批舰艇保驾护航。做完这些费心的事情后，我们乘坐驱逐舰向德寇开炮，尽管射程仅有六千码，敌方却未对此做出任何回应。

马歇尔和金乘坐我的专列返回。他们亲眼看见美国方面所做的一切，感到非常安心；马歇尔还致电蒙巴顿，谈及在他的组织下生产的新战舰数量以及这些战舰所发挥的作用。之前，您在发给我的一封电报中曾用过"了不起"一词。我得承认，这次我的所见所闻也只能用这个词来形容，我想您的部下也一定会赞同。此次作战行动的运输效率惊人，在战争史上前所未有。当然，我们要做的事情还有很多，而且我想我们仍需更多的兵力。接下来可能有一场双方各百万人的

大战，我们需要为此做好准备。参谋长正在寻求最佳方案解决地中海和"霸王"行动的问题。

多希望您也在这里！

第二章

TWO

从诺曼底到巴黎

卡昂争夺战——盟军结成连续性战线——伦敦遭受导弹袭击——"桑葚"港与"冥王星"海底输油管——夺取卡昂——隆美尔负伤，龙德施泰特被撤职——蒙哥马利发动总攻——水陆两用车战功显著——拜访蒙哥马利——再次试图谋杀希特勒——美军进攻——攻占维尔——攻陷布雷斯特——法莱兹袋形地势——歼灭八个德国师——解放巴黎

盟军一登陆就需要立即巩固滩头阵地防御工事，并沿滩头逐步扩展，形成一条完整的战线。然而，敌人顽强抵抗，难以攻破。在美军战区，卡朗唐附近及维尔河口的沼泽阻碍了我们的行动，乡野到处都适合步兵进行防御。遍布诺曼底的灌木丛被田埂、沟渠和高高的篱笆切割成许许多多的小块。因此，我方无法清晰地观测地形，进攻时难以获取炮兵支援，在这里使用坦克作战也极其困难。一路尽是步兵战，每一小块都可能成为据点。然而，除了未能攻占卡昂之外，我们还是取得了不小的进展。

这个闻名遐迩的小镇将见证一场旷日持久的艰巨战役。对我们来说，这里至关重要。一方面它的东部适宜修建临时飞机跑道，另一方面这里也是我们整个作战计划的中枢所在。蒙哥马利打算将卡昂作为左枢纽，由美军围绕它展开行动。对德军来说，卡昂也同样重要。如果他们在那里的战线被攻破，整个第七集团军就得被迫向东南方的卢瓦尔河撤退，这样一来，第七集团军和驻扎在北部的第五集团军之间就会出现一个缺口。通往巴黎的道路也就会被打开。在接下来的数周，我方不停地向卡昂发动进攻；敌方顽强抵抗，并调集大批德军进行支

援，尤其是装甲部队。这对敌方来说极为有利，可对我方来说却是一种障碍。

尽管德国第十五集团军的预备役师仍在塞纳河以北按兵不动，但德军还是从其他地方调来增援，截至 6 月 12 日，他们已有十二个师参战，其中包括四个装甲师。这比我们原先预计的要少。我们强大的空军力量破坏了敌方的交通。目前，塞纳河下游的所有桥梁以及卢瓦尔河的主要桥梁都已被摧毁。敌方大部分增援部队不得不使用从巴黎到奥尔良这一交通路线上的公路和铁路，他们还日夜遭受我方空军的毁灭性袭击。6 月 8 日，德国方面一封电报称：巴黎往西和西南方向的所有铁路交通都已被破坏。敌方不仅不能迅速获得增援，就连他们的士兵都是七零八落地抵达。这些兵师装备匮乏，且因长途行军而疲惫不堪，但还是一抵达目的地就被送往前线作战。德军指挥部当时完全没有机会在后方组建一支主力部队，无法展开一次充分协调的有力反攻。

到 6 月 11 日，盟军已在内陆建立起了一条连续的战线，我方战斗机正从前方的六条临时跑道起飞参战。下一步的任务是夺取一个据点。这个据点必须足以容纳参与决定性战役的部队。美军越过瑟堡，一路向西，径直向西海岸的巴讷维尔挺进，并于 6 月 17 日抵达。同时，美军向北挺进，经过激烈争夺，于 6 月 22 日抵达瑟堡外围的防御战线。敌方一直顽强抵抗至 26 日，企图破坏我方进攻行动。敌方的破坏行动极其彻底，直到 8 月底我们才能通过港口向战场运送重载物资。

*　　*　　*

战场外的形势也影响着未来局势的走向。6 月 12 日到 13 日的晚上，伦敦遭受第一批导弹袭击。这些导弹发射点位于法国北部，距离我方登陆部队较远。早日攻克这些地区才能缓解民众遭受轰炸的痛楚。我方部分战略空军再次对这些地区展开进攻，此举当然并不至于涉及转移战场的问题。正如我在议会中所说：国内民众切实感受到自己正同战场上的将士共患难。

6月17日，希特勒同龙德施泰特以及隆美尔在苏瓦松附近的马吉瓦尔召开了一次会议。他手下两位将军极力陈情，一致认为让德军在诺曼底血战至死的决策不明智。他们还劝告说，在彻底溃败之前，第七集团军应当有序地撤退到塞纳河，并在那里联合第五集团军，展开一场防御性、流动性的战斗。这样至少还有一丝取胜的希望。但希特勒并不同意。正如在苏联和意大利一样，他下令，绝不放弃诺曼底的每一寸土地，全军当竭力抵抗。显然将军们的主张是正确的。希特勒要求所有战线上的军队全部血战至死，并未领会有取有舍这个重要的道理。

在沿海战区，我方巩固工作进展顺利。各类轰炸舰艇、战列舰继续支援岸上部队，特别是东部战区部队；在那里，敌方聚集了大批装甲部队，炮兵阵地也难以攻克。尽管胜算不大，德军潜艇和轻型舰艇还是试图向我方发动袭击；敌方空投的大批水雷令盟军舰船遭受重大损失，拖延了我方舰队集结的速度。敌方从据点向东袭击盟军，其中哈弗尔这个据点的兵力最为集中，但都被我们拦截了；在西部战区，盟军的一支海军轰炸中队随后与美军协同作战，攻下了瑟堡。跨海滩行动进展顺利。进攻前六天，共有三十二万六千名士兵，五万四千辆战车和十万四千吨物资成功登陆。尽管登陆艇遭受重大损失，但一个巨大的补给机构正迅速成形。平均每天有二百多艘各类舰船运载物资抵港。在恶劣的天气下，处理如此巨大的航运量变得难上加难。尽管如此，我们的进展仍十分显著。其中商船队做出不小的贡献。商船的海员们勇于承担战争和天气所带来的各种风险，他们在这项伟大的事业中表现出的坚韧不拔、忠心耿耿的精神令人印象深刻。

到6月19日，两个"桑葚"港口，一个位于阿弗朗什，另一个在西部十英里之外的美军战区，都取得了不错的进展。"冥王星"海底

输油管①的铺设进展也十分顺利。但当时一场历时四天的大风暴完全阻断了我方人员和物资的登陆，也严重损坏了新近埋设的防波堤。当时设计未曾考虑这些因素，多处都从沉埋处断开，与其他防波堤以及抛锚的舰船撞上，导致美军战区的港口被摧毁，尚能使用的部分则被用于修理阿弗朗什人造港。6月份刮起四十年不遇的风暴，真是莫大的不幸。我方卸货进度受到拖延。同样，进攻计划也延期执行。到6月23日，我们只抵达原定于6月11日就应抵达的战线。

此时，苏军已经展开进攻，而我也不断地将我方情况告知斯大林。

首相致斯大林元帅：

1. 欣闻贵军的大规模进攻行动旗开得胜，我们将竭尽所能不断扩大与敌方对垒的战线，并以最高昂的斗志投入战斗。

2. 美军希望数日内攻下瑟堡。攻下该地后，很快会有三个美军师增援南部作战，预计在瑟堡还将虏获两万五千名战俘。

3. 风暴持续了三四天时间——6月起风暴实属异常——导致我们的集结任务拖延，也对我们尚未完工的人造港造成巨大损害。我们已经想方设法修复和加固这些港口。目前，正用推土机和钢网快速修建两个由人造港通往内陆的道路。这样，包括瑟堡在内，一个大型基地即将建成，用于调集大规模军队，且可以不受天气条件影响。

4. 英军战线上，战斗更为艰苦。敌方共有五个装甲师，其中有四个参战。加上恶劣天气的影响，此处英军新一轮的进攻不得不往后推延。几个师的兵力调集也因此顺延。进攻将于明天开始。

5. 在意大利境内，我们迅速向前挺进，希望于6月攻克

---

① "冥王星"计划包括：首先在袭击地区铺设输油管，以便运油船通过这些油管将油料直接输送到岸上。之后，再铺设从怀特岛至瑟堡，以及从邓杰内斯到布洛涅的横贯英吉利海峡的海底输油管。

佛罗伦萨，于7月中或7月底与比萨—里米尼战线对接。不久后，关于这一战区我们可能采取的各种战略手段，我会另电奉告。在我看来，我们应遵循的最重要的原则是，不断地将尽可能多的希特勒部队拖至最广泛、最有效的战线。我们只有奋力苦战才能为您减轻些许作战压力。

6. 对于德方散布的关于导弹战绩的各种谣言，您尽可置之不理。这并未对伦敦的生产和生活造成很大的影响。导弹袭击的七天里，我方伤亡人数在一万人至一万一千人之间。下班后，街区和公园里仍然满是下了班享受阳光的人们。在警报拉响的这段时间里，议会辩论仍在继续，从未中断。导弹也许会更为恐怖。英国民众为能够分担我方和贵军将士的风险而感到骄傲，他们对两军将士极为尊重。预祝你们新一轮进攻顺利。

1944年6月25日

我们攻下瑟堡后，斯大林发来贺电，并详述了苏军大规模作战的情况。

斯大林元帅致首相：

盟军已经解放了瑟堡，这是你们在诺曼底取得的又一次伟大胜利。英美军队在法国北部和意大利英勇奋战，取得节节胜利，对此我致以祝贺。

如果说我们在法国北部军事行动的力度和威胁性对希特勒而言日显强大，那么盟军在意大利的顺利进军也值得重视和赞扬。预祝您取得更多的成就。

关于我方攻势，可以说我们不会给德军喘息的机会，我们将增加兵力，进一步扩大进攻战线。想必您一定会赞同，为了我们共同的事业，此举不可或缺。

至于希特勒的导弹袭击，很显然，这种权宜之计不论是对诺曼底作战行动，还是对伦敦民众，都不会产生严重影响。伦敦民众的英勇精神人所共知。

1944 年 6 月 27 日

我复电：

首相致斯大林元帅：

　　此时此刻我想告诉您，苏军取得的辉煌成就给我们留下了多么深刻的印象；苏军日益强大的声势，似乎把您和华沙之间以及后来您和柏林之间的德军势力全部捣碎。我们殷切关注着贵军取得的每一次胜利。我清楚地知道，这是你们继德黑兰会议后发起的第二轮攻势，而在第一轮攻势中，你们夺回了塞瓦斯托波尔、敖德萨和克里米亚，并使先锋部队得以向喀尔巴阡山、塞勒特河和普鲁特河挺进。

　　敌我双方在诺曼底激烈交战。6 月的天气真是令人厌烦。我们不仅在海滩遭遇了多年来夏季未见的特大风暴，还碰上了阴云密布的天气。这种天气使得我们无法完全发挥具有压倒性的空中优势，反倒有利于导弹投入伦敦。不过，我希望 7 月的天气会有所好转。尽管如此，在这场艰苦的战役中，我方仍处于优势；尽管德军有八个装甲师抵抗英军，我们仍拥有大批坦克。英美已登陆的军队共有七十五万名士兵，双方各占一半。敌军在每条战线上都被打得焦头烂额，血肉横飞。我同意您的看法，我们必将与之抗衡到底。

1944 年 7 月 1 日

*   *   *

　　6 月的最后一周，英军跨越卡昂南部的奥东河修建了一个桥头阵地。为了越过奥恩河向南和向东扩展，我们付出了艰辛的努力，却屡遭敌军抵抗。英军南部战线曾两次遭到敌方数个装甲师的袭击。在激烈的交战中，我方凭借空军和猛烈的炮火重创德军。现在是我们开始发起反攻的时候了。7月8日，我们从北部和西北部向卡昂发起了猛烈攻击。盟军重型轰炸机首次采取的战术轰炸为此次进攻铺平了道路，这种战术之后也成为我方作战的一个显著特点。皇家空军重型轰炸机向德军防御工事投掷了两千多吨炸弹；尽管不可避免地受弹坑和坍塌建筑物残渣的阻碍，但到了黎明时分，英国步兵还是取得了不错的进展。截至7月10日，我们已攻克了位于奥东河我方部队驻扎的一侧河岸的卡昂地区，于是我对蒙哥马利说："祝贺您攻克卡昂。"他回复道：

蒙哥马利致首相：

感谢您的来电。我们迫切需要卡昂这个地方。为了确保能尽快获胜，我们动用了大批空军，通向卡昂的整个战区一片狼藉。卡昂城内也遭到严重破坏。今天一整天，第九和第十装甲师都在激烈抵抗，意图夺回厄夫雷谢东北部的第一百一十二号据点；另一个装甲师正向圣洛西北部的美军第三十师发动袭击。这三个师都为我方重创，他们越是以这种方式袭击我们，对我们来说越有利。目前一切进展顺利。

1944年7月11日

史末资现在已返回南非。他发来了一份电报，这份电报很具预见性且意味深长。

陆军元帅史末资致首相：

鉴于苏军大规模进军和卡昂的攻破，这产生了一个令人期待的悬念，即，依目前形势的发展德军无法同时应对两条战线。不久，他们就得做出决定，到底是集中兵力抵抗东线，还是西线。德军明白苏军的侵袭意味着什么，因此他们很可能会决定集中兵力抵抗苏军战线的进攻。这也将缓解我们西线的作战压力。

　　成功突破卡昂以后，我们必须继续保持战争主动性，采取攻势，并尽快向敌军导弹基地后方挺进。

　　我们之前的决定①影响了亚历山大的进军，为此我表示深深的歉意。然而，鉴于您曾经成功处理过类似的情况，我仍然希望您的战略有着深刻的军事和政治方面的权衡，最终必将取得胜利。

1944 年 7 月 10 日

　　斯大林每天密切关注着我们的进展，他还发来电报，对英军解放卡昂城所取得的辉煌胜利表示祝贺。

　　到 7 月中旬，盟军已经有三十个师登陆。其中一半是美军，另一半是英军和加拿大军。为了与盟军对抗，德国集结了二十七个师，但他们已有十六万人伤亡。艾森豪威尔将军估计，敌方的战力不超过十六个师。

　　此时发生了一起重大事件。7 月 17 日，隆美尔身受重伤。他的专车遭到我方低空飞行的战斗机袭击，本以为他生命垂危将之送到了医院。他恢复得非常好，不料后来却死于希特勒的命令。7 月初，曾在苏联战场声名显赫的冯·克鲁格全面接替龙德施泰特，负责指挥西部战线。

*　　*　　*

　　蒙哥马利计划于 7 月 18 日发起总攻，如今指日可待。我向其致电："愿上帝保佑您。"他复电：

———————————

① 即在法国南部实施登陆的决定。

蒙哥马利将军致首相：

感谢您的来电。明天我们即将发起大规模进攻，目前整体形势极为乐观；正如我们所料，敌军主力部队已调至奥恩河西部，企图抵抗我军在厄夫雷谢地区的进攻，而此地的进攻会一直持续到今晚。

为保证明天行动大获全胜，关键要有适宜飞行的天气条件。我已决定，如条件允许，明天让装甲师参战；若有必要，将进攻时间推迟到下午三时。

1944 年 7 月 17 日

英军出动了三个军展开袭击，旨在扩大桥头防御工事，并越过奥恩河。而在这之前，盟国空军进行了一场更大规模的轰炸。德国空军完全无法抵抗。我们在卡昂东部进展顺利，但后来乌云密布，我方飞机无法执行任务，计划从美军战区发起的进攻也不得不向后推迟一周。我认为，这倒是到访瑟堡的一个机会，还能在"桑葚"人造港待上几天。7 月 20 日，我乘坐美军"达科塔"式飞机直接飞到瑟堡的美军降落场，并在美军司令的带领下巡视了整个人造港。在那里，我第一次见到导弹基地。这个导弹基地的修建工事极其精细复杂。目睹德军对这座城市造成的破坏，我感到十分震惊；对于港口投入使用时间后延，我和这里的人员一样感到失望。港区内满是触发式水雷。一批尽责的英国潜水员正夜以继日地冒着生命危险拆卸这些水雷。美国战友向他们致以深深的敬意。我们乘车前往一处美军称作"犹他滩头"的阵地，路途遥远且充满危险；到那里后，我登上一艘英国的鱼雷快艇，经过一路颠簸抵达阿弗朗什。人上了年纪，反而不容易晕船。我没有晕船，而是一路酣睡，直到我们抵达人造港的平静水域。我登上"企业"号巡洋舰，并在上面待了三天，直至我完全了解港口的整个运作过程；目前所有的军队几乎全都依赖这个港口。在这期间，我还要处理伦敦的事务。

这里的晚上十分嘈杂，不断有单架飞机突袭，而警报声则更为频繁。白天，我研究军需物资和部队在码头和海滩登陆的全过程，码头登陆一事我早就深感兴趣。有一次，六艘坦克登陆艇排成一排驶向海滩。登陆艇的船艏一靠岸，吊桥就向前落下，坦克随即驶出，每艘登陆艇可运载三四辆坦克，伴着水花上岸。据我的秒表显示，不到八分钟，这些坦克全部队列整齐，停靠路边，随时准备应战。这个过程真是令人印象深刻。这也是我们目前已经达到的典型卸载速度。我还看到，水陆两用车淌过港口，摇摆着登岸，随后迅速驶向山上的大型军需供应站；那里，许多卡车正在待命，以便及时将物资运达各个部队。这套系统运作的高效性超越了我们的预期，我们迅速取胜的希望也便寄予此了。

到这里的第一个晚上，我去参观了军官室，当时军官们正在唱歌。最后，他们还合唱了一曲《统治吧！不列颠尼亚！》。我问他们歌词是什么，可没一个人知道。于是，我自己背诵了汤姆森的几段著名台词，为了给读者以启发，特援引如下：

> 万邦之中汝最为圣，
> 消灭独裁，驱逐暴君是汝使命！
> 伟大、自由与汝同行，
> 恐惧和嫉妒是外族的心情。
> 缪斯永远携手自由，
> 去创造幸福的彼岸乐园。
> 神圣美丽的岛国，
> 佩戴辉煌壮丽的王冠，
> 千万枚英勇的心灵捍卫着不列颠。

*　　*　　*

在阿弗朗什的最后一天，我参观了位于内陆几英里的蒙哥马利总部。在发起最大规模战斗的前夜，这位总司令兴致高昂，向我详述了作战行动计划。他带我到已成废墟的卡昂，跨过河流，我们还视察了其他地区的英军战线。之后，他将自己俘获的"施托希"式战机交给我使用；空军司令亲自驾驶，带我在所有英军阵地的上空巡视了一番。必要时，这架飞机几乎能在任何地方降落，因此也可以在距离地面几百英尺的低空飞行，这比其他任何一种方式都能更好地观察和了解战场上的情况。此外，我还参观了几个空军站，并对站里的军官和士兵做了简短讲话。最后，去了战地医院。尽管那天战场一片寂静，但还是有零星伤员进院。当时有一名不幸的士兵要动大手术，他已经躺在手术台上，医生正准备给他注射麻醉剂。我正准备悄悄走开的时候，他说想见一见我。他面色苍白，对着我笑了笑，吻了一下我的手。我深受触动，后来听说他手术非常顺利，我感到非常高兴。

我于 7 月 23 日晚回国，在天黑之前抵达。我致电表彰统管阿弗朗什的海军上校希克林。

首相致希克林海军上校：
　　对于您和您的部下在阿弗朗什取得的辉煌成绩，我谨致以热诚的祝贺。这座奇迹般的港口在欧洲解放中发挥了非常重要的作用，将来仍将继续大有所为。我希望不久后能再次拜访您。
　　将上述信息公布给所有相关人员，但不能令敌方知悉，目前敌方还尚不清楚阿弗朗什的容纳量和潜力。
1944 年 7 月 25 日

他们想把这个港口命名为"丘吉尔港"。但鉴于种种原因，我未予许可。

＊　　　＊　　　＊

就在此时，敌方撤销了原本让德国第十五集团军留驻塞纳河后方的命令，同时派遣了几个精锐师支援困境中的第七集团军。鉴于桥梁被毁，第十五集团军通过铁路、公路或横渡塞纳河的方式展开转移行动，可又遇我方空军轰炸，因此他们的转移行动严重拖延，部队伤亡惨重。待这支长期受阻的增援部队抵达战场时，一切为时已晚，战局已难以扭转。

在诺曼底战役停歇期间，7 月 20 日，又发生了一起谋杀希特勒未遂事件。据最可靠消息称，在一次参谋会议中，施陶芬贝格上校将一只装有定时炸弹的小箱子放在了希特勒的桌子下方。由于桌面厚实、横梁架构稳定，加上建筑物本身结构单薄，炸弹爆炸的冲击力被分散，希特勒才免遭一死，但在场的几名军官被炸身亡。这位元首，虽然惊魂未定且伤势惨重，却站起来大声叫嚷："谁说我没有上帝的格外庇护？"这次暗杀事件激发了他穷凶极恶的本性；之后他对所有涉案嫌疑人实施报复，其报复程度令人毛骨悚然。

* * *

在奥马尔·布雷德利将军指挥下，美军终于开始了大规模进攻行动。7 月 25 日，美国第七集团军由圣洛向南部进攻；第二天，其右侧的第八集团军参与了作战行动。美国空军轰炸极为猛烈，步兵的突击也一路旗开得胜。之后，装甲部队冲锋陷阵，扫荡了库汤斯这个关键据点。德军往诺曼底海岸撤退的后路已被切断，维尔河以西的整条德军防线告急，陷入一片混乱。撤退的部队把道路堵得水泄不通，盟军轰炸机则进行了毁灭性轰炸，重创敌方士兵和车辆。我方继续向前挺进；7 月 31 日，攻下阿弗朗什；不久，夺取通向布列塔尼半岛的海角。克里勒将军指挥的加拿大军从卡昂出发，沿法莱兹公路一路袭击，遭到德军四个装甲师的顽强抵抗。负责全线指挥的蒙哥马利将英军力量转移到其他战线，并下令登普西将军指挥下的英国第二集团军从科蒙向维尔发动新一轮进攻。在一轮猛烈的空军轰炸后，第二集团军于 7 月 30 日开始进攻，并于数日后抵达维尔。

美军展开主攻时，加拿大军却受阻滞留在法莱兹公路。此时，一些人将二者进行对比，真是令人反感。

首相致蒙哥马利将军：

1. 盟军远征军最高指挥部昨晚宣称，英军遭遇"十分严重的挫折"。而我并未发现任何既定事实可以证实这种说法。在我看来，在您近期展开的进攻行动中，只有右翼曾稍稍向后撤退一英里左右，因此这种说法毫无根据可言。自然，旁人众说纷纭。所以我想清楚地知道，在面对那些高高在上的墙头草和批判家时，我们应当持何种立场。

2. 为了掌握最机密的情报，我还希望知道，您向我讲过的进攻计划，或是后续调整的作战计划是否会付诸实施。可以肯定的是，英军方面的奋力抗战直至获胜这一点至关重要。否则，有人会将两国军队进行对比，导致恶性的相互指责，影响盟军战斗力。您也知道，我对您充满信心，您尽可放心。

1944 年 7 月 27 日

蒙哥马利回复：

蒙哥马利将军致首相：

所谓"严重受挫"一事，我毫不知情。敌军在卡昂南部集结大批部队，竭力阻止我们向该地区进军。昨日和前天，敌我双方进行了激烈的战斗，最后，加拿大军不得已从他们抵达的最远地区向后撤退了一千码。

从一开始，我的战略就是将敌军装甲部队主要力量引至东翼，并在此处与之交火，这样，我们就能更轻松地应对西翼战事。这一战略已经奏效。目前，敌方的主要装甲力量部署在我方东翼，即奥东河东部；我们在西翼的进展也较为轻松顺利，此外，美军方面进展也十分顺利。

讲讲我的下一步计划。目前，敌方在卡昂以南、横跨法莱兹公路区域的兵力十分充足，比整个盟军战线其他任何地方的兵力都强大。因此，我不打算向那里进攻。相反，我计划将敌方兵力困于此处，并用六个师的兵力从敌方兵力较弱的科蒙地区展开猛攻。这将助力美军取得更快进展。

1944 年 7 月 27 日

事实证明，蒙哥马利的乐观态度是有道理的，我于 8 月 3 日向其致电：

首相致蒙哥马利将军：

　　您向我详述的作战计划能够如此顺利开展，真是令人欣慰。很显然，敌方将竭力死守东翼，并将之视为展开一切行动的中枢。我认为，布雷斯特半岛将唾手可得。欣闻我方装甲师和先锋部队已攻占维尔。从地图上看，您貌似已经取得了几次大捷。自然，我殷切希望看到第二集团军装甲师的约两千五百辆装甲车在广阔的平原上驰骋。在这场战争中，不论是陆战，还是海战，迂回战术已成为一种全新的战术。下周我可能会到您那里，停留一天，再出发前往意大利。祝好。

1944 年 8 月 3 日

蒙哥马利将军致首相：

　　1. 感谢您的来电。

　　2. 我希望，我们现在能在东翼猛攻，尤其是从维莱—博卡日到正东方向的维尔之间的地带。敌方已从卡昂东部、东南部调派了大量兵力至此。

　　3. 因此，我计划从卡昂地区直接向法莱兹发动猛攻。我尽力于 8 月 7 日开展这一作战计划。

　　4. 我仅派了美军一个军的兵力向西进入布列塔尼，我想这就够了。美国第三集团军的其他各个军将直接向拉瓦尔和昂热进军。美国第一集团军的全部兵力将围绕第二集团军的南翼展开行动，直捣栋夫龙和阿兰森。

5. 热情欢迎您下周或随时来访。

1944 年 8 月 4 日

首相致蒙哥马利将军：

非常抱歉昨天未能抵达贵处。如若可能，我将于明天（周一）前往。不必为我做任何特殊安排，以免给您带来不便。昨天下午，我与艾森豪威尔商谈，他建议我也去布雷德利的总部参观一下，若您不反对，我想下午就去。与我同行的只有霍利斯将军和汤米二人。

1944 年 8 月 6 日

于是，我于 8 月 7 日再次乘坐专机前往蒙哥马利总部，他一边向我生动详尽地讲述战况，一边用地图进行展示，之后一位美军上校来接我前往布雷德利将军那里。为了让我看看美军一路作战经过的城镇和村庄所遭受的可怕浩劫，他们特意安排了这一路线。沿途所有建筑都被空袭炸得粉碎。我们于四点钟到达布雷德利总部。将军热诚地欢迎我们的到来，但我能感受到这里弥漫着一股紧张的气氛，战斗正在激烈进行，每隔几分钟就有战讯送达。因此，我缩短了参观时间，乘车返回我的专机。出乎意料的是，我正要登机的时候，艾森豪威尔抵达此处。他从伦敦飞到高级指挥部，听闻我的行踪，立刻前来阻止。当时，艾森豪威尔还未从蒙哥马利手中实际接管军队指挥权，但他却警惕地监视着各种行动。对于如何在不妨碍他授予别人职权的前提下密切关注重大事件而言，没人比他更精通。

*　　*　　*

巴顿将军指挥的美国第三集团军现已整编完毕，开始投入作战。

他派出两个装甲师和三个步兵师向西面以及南面挺进，旨在肃清布列塔尼半岛。敌军去路已断，唯有立刻朝着设防的港口撤退。此处，有三万人参加法国反抗运动，发挥了不小的作用，布列塔尼半岛很快被攻破。截至 8 月第一个周末，德国四万五千名驻军和四个师的残兵已被迫撤退到圣马洛、布雷斯特、洛里昂和圣纳泽尔的防守区域内。他们将被困在那里，自生自灭，省下了我方采取直接袭击造成的不必要损失。瑟堡城被严重破坏，而且可以确定的是，布列塔尼港被攻陷之后，要花很长时间才能将其修复。按之前的计划，我方需要尽早攻占该港；可如今，鉴于阿弗朗什的"桑葚"人造港有巨大的吐纳量，加上一些掩蔽的停泊港，而且诺曼底海岸几个小港的发展超出预期，我们也就不急于攻取布列塔尼港了。况且，一切进展如此顺利，我们可以寄希望于迅速攻占从勒阿弗尔至北方的几个法国良港。但布雷斯特现有大批驻军，其司令官也相当积极，对我们而言很是危险，必须予以扫除。9 月 19 日，布雷斯特在美军三个师的猛烈袭击之下投降。

*　　　*　　　*

　　围剿、肃清布列塔尼的同时，巴顿指挥的第三集团军余下部队沿"长钩"型防线向东挺进，直奔卢瓦尔河和巴黎之间的地带，继而沿塞纳河一路朝鲁昂进军。他们于 8 月 6 日抵达拉瓦尔城，于 8 月 9 日抵达勒芒。进军过程中，在沿线的广阔区域内，他们几乎未发现任何德军；当时，他们面临的主要困难在于为远方行进中的美军补给物资。除了有限的空运外，所有物资仍需从原先登陆的滩头开始，运经阿弗朗什，沿诺曼底西线一路运至作战前线。因此，阿弗朗什成了瓶颈，因为它为敌军从法莱兹附近向西进攻提供了绝佳机会。这也正合希特勒之意，他下令，不惜全力向莫尔坦进攻，直捣阿弗朗什，切断巴顿军队的供给线。可德军司令官一致认为此举并不可取。他们意识到诺曼底之战已经战败，希望用从北方第十五集团军调拨来的四个师执行向塞纳河有序撤退的任务。他们认为，再向西增派生力军无异于"伸出脖子"，总有一天会被砍断。但希特勒仍然固执己见；8月7日，五个装甲师和两个步兵师从东部向莫尔坦发动猛攻。

德军的这次猛攻袭击了一个美军师，美军一直顽强抵抗直至获得三个师的增援。我们对敌展开长达五天的猛烈攻击和集中空袭，敌军再次陷入一片混乱；正如敌方指挥官预料的那样，从法莱兹至莫尔坦整个阵地的凸出地带都挤满了德军，只能任由盟军三面夹击。往南，美国第三集团军的一个军转向北进，经阿朗松直入阿尔让当，并于8月13日抵达。霍奇斯将军指挥的美国第一集团军从维尔向南部推进，英国第二集团军则向孔代挺进。在重型轰炸机的再度支援下，加拿大军继续从卡昂向法莱兹挺进，并且进展顺利，8月17日抵达目的地。盟军向聚集在狭长袋型地区的敌军进行猛烈扫射，火炮的威力巨大，大挫敌军。德军死守法莱兹与阿尔让当之间的咽喉地带，试图撤退并优先让装甲师撤出。然而，到8月17日，敌军的指挥和控制全部瘫痪，陷于一片混乱。我方于8月20日封锁这一地带，尽管当时已有大批敌军向东逃窜，我们还是歼灭了至少八个师。昔日的法莱兹袋型地区如今成了他们的葬身之地。克卢格向希特勒报告："因敌方占有绝对的空中优势，我们的所有行动全遭到遏制。而敌军各项行动都是精心计划，且有空军护航。我方人员和物资的损失极为惨重。敌军的持续猛攻也使我方军队士气严重受挫。"

* * *

美国第三集团军一边肃清布列塔尼半岛的残余势力，一边在"短钩"处展开袭击，直到在法莱兹取得最终胜利；同时，他们还从勒芒调集三个军向东以及东北方向进攻。8月17日，他们分别抵达奥尔良、夏特勒和德勒；继而沿河左岸顺流而下往西北方向挺进，与朝鲁昂方向行军的英军会合。我方第二集团军的行动稍有延缓，自法莱兹之战后，部队面临重组；敌方则趁机建立了一个临时后卫阵地，但遭到我方的强烈镇压。在我方毁灭性的空袭下，塞纳河以南的德军全都拼命渡河撤退。之前空袭炸毁的桥梁都还没有修复完毕，但好在有摆渡足以应急。敌军车辆几乎全部无法留存，大量运输工具遗弃在鲁昂以南地区。靠摆渡方式逃窜的部队到河对岸后完全无力进行抵抗。

艾森豪威尔决心避免巴黎之战。斯大林格勒和华沙的经验证明，正面进攻配合爱国起义的战术会让城市生灵涂炭。因此，他决定包围巴黎，迫使城中守军投降或逃散。8 月 20 日，时机成熟。巴顿已横渡芒特附近的塞纳河，其右翼部队已抵达枫丹白露。法国地下组织开始起义，警察罢工，警察总局已落入爱国主义者手中。参加法国抵抗运动的一名军官带着关键情报来到巴顿总指挥部，周三（8 月 23 日）早上，情报被送往勒芒，交至艾森豪威尔手中。

勒克莱尔将军率领的法国第二装甲师加入巴顿麾下，该师 8 月 1 日在诺曼底登陆，在进攻中发挥了巨大作用。戴高乐也于同一天抵达，盟军最高指挥官向其保证，只要时机一到，勒克莱尔将军的军队将第一个进军巴黎，与早前达成的协议一样。那天晚上，巴黎发生巷战；这一消息令艾森豪威尔决定展开行动，勒克莱尔奉命进军。晚间 7 点 15 分，布雷德利将军向驻守在阿尔让当的法军司令官下令。8 月 23 日的作战指令的开头写着："任务，攻占巴黎……"

勒克莱尔致戴高乐的电报中写道："我感觉……如同时间回到了 1940 年——敌军方面一片混乱，各个纵队惊慌失措。"他决定果断行动，暂不与德军集中力量对抗，避免正面交锋。8 月 24 日，前一天刚从诺曼底抵达的第一批分队由兰布依埃出发，向巴黎进军。比约特上校，即 1940 年阵亡的法国第一集团军司令官的儿子，率军从奥尔良出发，一路猛攻。当晚，一支先锋坦克部队抵达意大利港口，并于 9 点 22 分准时驶入维尔酒店前广场。该师主力部队已做好准备于次日开进巴黎。次日凌晨，比约特的装甲纵队占领了巴黎对面塞纳河的两岸。到了下午，德军司令官冯·肖利茨设在默里斯大厦的德军总指挥部被包围，肖利茨向一名法国中卫投降，而后被移交给比约特。此时，勒克莱尔赶到，在蒙特巴那斯车站安顿下来，下午移步到警察总局。四点左右，肖利茨被带到他的面前。这条回家的路从敦刻尔克开始，途

经乍得湖。而如今他终于回到了故乡。勒克莱尔低沉而有力地说道："现在可以啦！"接着他用德语向手下败将进行自我介绍。一番简短而生硬的讨论后，双方签署了守军投降书；而后，抵抗运动力量和常规部队一个接一个地攻占了其他要塞。

巴黎沉浸在兴高采烈的游行中。人们向德军战俘吐口水，德军同谋也被拖着游街，而解放部队则受到款待。在这场久违的胜利中，戴高乐将军终于出现。下午五时，他抵达圣多米尼克大道，在陆军部设立了自己的总部。两小时后，戴高乐将军在市政厅首次以自由法国领导人的身份出现在欢呼雀跃的民众面前，随行的还有勒克莱尔将军、朱安将军以及法国抵抗运动的几位关键人物。这里到处洋溢着自发的狂热激情。次日下午，即 8 月 26 日，戴高乐进城仪式正式举行，他沿爱丽舍田园大街步行进入协和广场，之后在一长列汽车的随从下抵达巴黎圣母院。此时，敌军同谋潜伏在屋顶上进行扫射。人们当即逃散，但片刻的慌乱后，庄严的巴黎解放献礼照常进行，直至结束。

*　　*　　*

截至 8 月 30 日，我方军队从各处横渡塞纳河。敌方损失极为惨重：四十万名士兵（一半被俘），一千三百辆坦克，两万辆战车，以及一千五百门野战炮。德国第七集团军以及所有增援的部队全部被我方击溃。由于恶劣天气影响，加上希特勒的错误决策，盟军滩头进攻行动一度延迟。但滩头战事结束后，一切进展都非常顺利，盟军比原计划提前六天抵达塞纳河。曾有批判的声音说，英军在诺曼底行动迟缓，而美军在战争后期进展显著，取得的战绩超过英军。因此，有必要再强调一下，整个作战计划是依英军战线而定，牵制敌军，以助美军采取迂回的作战行动。在原计划中，英国第二集团军的任务是"保卫美军侧翼，助其攻占瑟堡、昂热、南特及布列塔尼等港口"。我们凭借顽强毅力和艰苦奋战，最终实现目标。艾森豪威尔将军完全了解英军同盟所做出的努力。他在报告中写道："如果没有英加两国军队在卡昂和法莱兹的残酷激战中做出的巨大牺牲，盟军绝对无法在其他地区取得如此令人惊叹的成绩。"

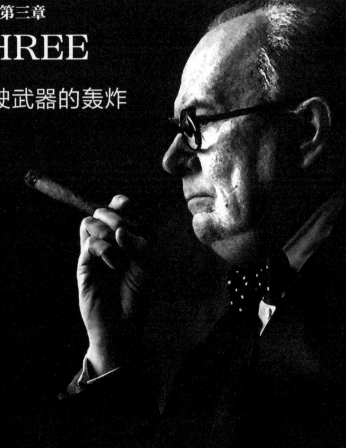

THREE

无人驾驶武器的轰炸

破坏和伤亡情况——盟军反攻举措——7 月 6 日，我在下议院的演说——轰炸机组指挥部发现新目标——大家的功劳——远程导弹——关于导弹大小的争议——一项显赫的技术成就——盟军继续向前挺进——施佩尔的意见——V3 式武器的失败——比利时的灾难

经长期研究，敌方利用导弹对英格兰开始展开袭击：进攻目标是大伦敦①。关于这场进攻的性质和规模，我们内部争论了一年多；而且在资源允许的情况下，我们已竭尽全力，及时做好了一切准备。

6 月 13 日清早，即进攻发起日的一个星期之后，四枚导弹飞越我国海岸。德方此举实为草率，这是为应对我方诺曼底成功登陆而紧急发布的命令。一枚导弹在贝思纳尔格林爆炸，造成六人死亡，九人受伤；其他三枚未造成任何伤亡。直至 6 月 15 日，敌军真正开始展开"报复"行动。二十四小时内，敌军向我方发射了两百多枚导弹；其后的五个星期内，他们共计发射了三千多枚导弹。

希特勒将我们称之为导弹的东西命名为 V1 号，因为出于某些原因，他希望这只是德国研究出的一系列恐怖武器中的第一种。这款武器设计新颖精巧，其发动机声音刺耳，不久后被伦敦人命名为"小型喷气式带翼导弹"或"喷射推进式炸弹"。导弹时速四百英里，飞行高度达三千英尺，可携带一吨炸药。导弹受磁性指南针操控，由一个小型推进器提供动力。当推进器转动的次数相当于从发射点至伦敦的

① 大伦敦位于英国英格兰东南部，是英格兰下属的一级行政区划之一，范围大致包含英国首都伦敦与其周围的卫星城镇所组成的都会区。——译者注

距离时，导弹控制装置松开，开始向地面俯冲。由于导弹通常在钻地前爆炸，造成的破坏尤为严重。

这种新式武器的袭击给伦敦民众造成了沉重的打击，甚至可能比1940 年和 1941 年间敌方空袭造成的打击还要严重。人们焦虑和紧张的心情更是无限延长。夜归的男人不知家中会发生何事；整天独处或是和孩子守在家中的妻子也不知丈夫能否安返家门。炸弹毫无人性的盲目轰炸使地面的每个人都感到无助。

＊　　　＊　　　＊

我的女儿玛丽当时仍在海德公园的高射炮兵连服役。6 月 18 日周日早晨，我在契克斯，夫人告诉我她想去高射炮兵连看看。她刚好碰到炮兵连在作战。一枚导弹飞经此处，炸毁了贝斯瓦特尔路上的一间房子。当时我的妻子和女儿正一同站在草地上，刚好看到一个小而黑的物体从云间直冲而下，仿佛要落在唐宁街附近。司机开着我的专车去收取信件，他惊讶地看到议会广场上的行人个个都脸朝下趴在地上。附近发出一声沉闷的爆炸声后，人们又恢复正常，各自忙碌。导弹落在惠灵顿营房护卫队的一个小礼拜堂。当时那里正在举行一场特殊的宗教仪式，大批现役和退伍的功勋卓越的军官聚集在那里。导弹直接击中了这个小礼拜堂。整个建筑顷刻被毁，近二百名警卫，还有许多优秀的军官，偕同他们的亲友，不是被炸死就是被压在瓦砾之下而身受重伤。这是一场悲剧。妻子回来时我仍躺在床上处理公事。"高射炮兵连正在作战呢，"她说，"护卫队的一个小礼拜堂被炸毁了。"

我立即下令，将下议院再次回撤到圣公会总部大楼，那里的现代钢化结构多多少少会比威斯敏斯特宫更安全。这一命令又牵涉不少通知发布和重新部署的工作。秘密会议期间发生了一个小插曲，一名议员愤慨地问道："为什么我们又回到了这里？"我还没来得及回答，另一名议员插嘴说道："如果这位尊敬的先生愿意走上几百英尺到伯德凯治道看一看，他自然会明白原因。"说罢，大家沉默良久，此后无人再

提及此事。

日子一天天过去，伦敦每个区都遭受了轰炸。特别是从斯特普尼和波音勒往西南方向，直到旺兹沃思和米切姆一带遭受的破坏最为严重。至于其他区，就数克罗伊登区遭受的轰炸次数最多，一天之内曾遭到八次轰炸，其次是旺兹沃思、刘易斯欣、坎伯韦尔、伍尔威治和格林尼治、贝肯汉、兰布思、奥尔平顿、库尔斯登和珀利、西哈姆、奇泽尔赫斯特和米切姆。这次轰炸造成约七十五万间房屋被毁，其中两万三千间已无法修复。然而，尽管伦敦遭受的破坏最为严重，但轰炸造成的死伤和破坏范围远不及城外。苏塞克斯郡和肯特郡的部分地区（俗称"炸弹之巷"）位于导弹飞行的路线上，遭受的损失极为严重；尽管所有的导弹都以塔桥为轰炸目标，有的却落在汉普郡和萨福克之间的乡野上。一枚导弹落在韦斯特勒姆附近，躲在树丛中避难的二十二个无家可归的孩子和五个成年人惨遭不幸，全部身亡。

* * *

尽管早在六个月前，我方情报部就已准确预测到这款导弹的性能，但我们发现，利用战斗机和高射炮进行有效的防卫并不容易。实际上，根据希特勒亲眼观测的用一架俘获的"喷火"式战斗机防御导弹的试验，他深信我们的战斗机一无是处。我方的及时警防令他有点扫兴，但影响也是有限的。我方最快的战斗机经特殊拆卸和性能改善，勉强才能超越速度最快的导弹。许多导弹并没有原先预期的速度快，但即便如此，我方战斗机还是很难及时追赶这些导弹。更糟糕的是，敌方进行导弹齐射，企图对我方防御工事进行浸透式轰炸。由于我方"紧急起飞"的常用程序过于迟缓，战斗机不得不启用随时待命的巡逻机，同时借助地面雷达站和观测站的指示以及现场更新的信息，追逐目标。导弹比正常飞机小得多，飞行员很难看到或是击中它们。距离超过三百英尺的话，"歼灭"它们的机会就很小；但距离小于二百英尺的话，开火就十分危险，因为导弹爆炸的同时可能会将袭击它的战斗机一同炸毁。

导弹排气管冒出红色火焰，这使得导弹在黑夜中比较容易辨识。头两个晚上，我方设在伦敦的高射炮向它们开火，并宣告已将许多导弹击落。但这反倒帮助敌方达到了目的，不然的话，一些导弹或许会落在首都以外的广阔乡间。因此，我方在首都区域内不再开炮。6月21日，高射炮已被转移到北当兹前线。起初，我们认为，导弹的飞行高度令高射炮难以应对：用重型炮的话，目标高度太低；用其他高炮的话，则又太高。但幸运的是，事实证明，重型炮可以对抗比我们之前预想飞行高度低的目标。当然，我们也意识到，一些导弹会成为我方战斗机和高射炮防御的漏网之鱼。于是，我们在伦敦南部和东南部部署了一个庞大的气球阻塞网，用来阻挡这些漏网的导弹。在这次行动中，我方共截获二百三十二枚导弹。如果不采取拦截措施，这些导弹都会落在伦敦区域内。

对于这些防御措施，我们也并不满意。敌方原本打算用于发射导弹的"滑雪场"（位于法国境内，共计九十六个）从1943年12月起就遭受我方猛烈的炸弹轰炸，大多被炸毁。但尽管我方做出种种努力，敌方还是想方设法从隐秘的新据点发动袭击，导弹打穿了我方防线。尽管导弹数量比敌方原先预计的少得多，但还是给我们带来了许多问题。在轰炸开始的头一周，我独自掌控着指挥权。到6月20日，我将指挥权移交给邓肯·桑兹指挥的联合事务委员会，其代号为"石弓"。

首相致内政大臣爱德华·布里奇斯爵士和伊斯梅将军，转参谋长委员会：

既然我们的前路明朗了一些，我与参谋长委员会协商后决定，此前一直由我主持的石弓委员会应精减人员。该委员会继续负责汇报导弹的效能，以及我方反攻措施和预防手段的进展情况。

军需部的联合政务次官邓肯·桑兹先生将担任委员会主

席，委员会的委员应尽可能少……

若有必要，该委员会每天可随时向我、内政大臣、空军大臣以及参谋长委员会汇报。

必要时，我将与内政大臣和空军大臣一起出席会议。

1944 年 6 月 22 日

委员会委员包括空军副参谋长博顿利空军中将、指挥大不列颠防空的空军地面联络官希尔空军中将和防空司令部的派尔将军。

*　　*　　*

7 月 6 日，就 1943 年初政府所采取的行动和所做的准备，我向下议院进行汇报。许多议员的选区因空袭而弥漫着一种紧张的气氛。无论如何，没人会说我们打了无准备之仗。大家彼此都无怨言。大家都明白，我们必须忍耐。好在我们还能寄希望于诺曼底的成功进军，这一切也不再那么难以忍受。我汇报的详情如下：

迄今我们已在法德两国境内，包括佩内明德，投掷炸弹总量达五万吨，飞机侦察次数达千次。飞机侦察时拍摄的照片有成千上万张，由皇家空军空中侦察和摄影解读小组负责审查和解读，任务十分艰巨。对敌我双方来说，这些事项处理起来都十分吃力。数月来，我方相当大比例的空军力量都是从其他形式的进攻行动中抽调出来的。德国方面已经牺牲了巨大的工业资源，这些资源本可以为战线上艰难奋战的德国战斗机和轰炸机加强作战能力。目前还无法断言哪一方遭受了损失，也不能确定在整个战斗过程中哪一方受创最严重。事实上，这场不见硝烟的战争已经持续了一年，双方都为此倾注了大量的资源。如今，这场无形的战争突然暴露在光天化日之下，我们应当能够、也的确应该密切关注其进展情况。

对于战争的情况，我们千万不能低估，也不能夸大。截至今早六点，从法国海岸沿线发射场发射的导弹共计两千七百五十枚。其中相当大的一部分导弹未能穿过海峡，或是被各种方式击落和摧毁……然而，不管从哪方面来看，6 月的天气对我们来说都十分不利。由于天气原因，我们无法在诺曼底发挥自身的巨大优势……这种天气令我们在法国的进攻行动，以及高射炮和飞机的协作变得更加困难；我们利用有利时机向海峡对面的发射场和可疑据点发动的袭击，也因天气影响而变弱。尽管如此，我想，下述消息会让下院各位感到欣喜：敌方发射的导弹，平均来说是一枚导弹造成一人伤亡……事实上，据今早六点的最新数据显示，敌方共计发射两千七百五十四枚导弹，造成两千七百五十二人重伤致死……伦敦有相当大比例的伤亡人员，大约为一万人，伤势严重却不致命。伦敦宽十八英里，长达二十多英里，是敌方的主要目标。可以说，世界上也就只有伦敦会成为这款定位不准确的武器的攻击目标了。无论从性质、目的或效应上来看，导弹都是一种名副其实的不分青红皂白进行攻击的武器。德军引进这款武器显然造成了一些十分严重的问题，在此我建议不做深入探讨。

* 　 * 　 *

我们已经做好关于撤退妇孺，以及开放深处掩蔽所的安排，迄今为止这些掩蔽所尚处于留存备用状态。此外，我还解释说，我们会尽一切人力之所及战胜这种新式袭击；最后我以一种符合当下情境的口吻结束了汇报。

我们不能允许诺曼底的战事因此受到影响，也不允许我们向德国特殊目标的进攻行动遭受干扰。这些事情是重中之

重，我们必须对国内安排做出调整以适应整个战争环境。尽管战争给民众带来痛苦，而且在某种程度上影响了伦敦人民的正常生产和生活，但我们绝不会为了缓解国内的困境而削弱战斗力，这也绝不会阻止不列颠民族担负起这个胜利和雪耻并存的世界先锋职责。对一些人而言，想到自己与海外作战的士兵共担风险，想到他们所遭受的袭击减轻了敌军对我方战士和盟军的打击力度，未尝不是一种慰藉。但我可以肯定的是，伦敦绝不会被征服，也绝不会失败，在经历重重考验之后伦敦必将胜利。

现在我们明白，在希特勒自己整编的扭曲的和平方案中，他本想着这种新式武器会起到"决定性"作用。尽管希特勒的军事顾问们没有他们的主子那么疯狂，也希望我方会因伦敦的困境而调集一些军队到多佛尔海峡，进行灾难性的登陆行动，进而攻占那些导弹发射场。然而，无论是伦敦方面，还是英国政府，都未曾退缩。我曾于 6 月 18 日向艾森豪威尔将军保证，我们经得住考验，不会让他改变在法国境内的战略。

*　　*　　*

我方对发射场轰炸了一段时间，但到 6 月底，形势就已经十分明朗，这些发射场已不再是主要进攻目标。轰炸机司令部为积极有效地援救伦敦，着手寻找更好的进攻目标；他们也很快有所发现。目前法国境内导弹的主要储存点位于巴黎附近的几个大型天然山洞里，这些山洞都是很久以前由法国蘑菇种植者开拓的。其中一个山洞位于瓦兹河流域的圣·吕德斯朗，据德军估算可储存两千枚导弹。整个 6 月发射的导弹有百分之七十是这里提供的。7 月初，轰炸机司令部使用最重型炸弹炸穿洞顶，进而将这个山洞炸毁。而另一个据估算可存储一千枚导弹的山洞也被美军轰炸机摧毁。据了解，至少有三百枚导弹埋在这个山洞里。伦敦因而得以幸免于这些导弹的袭击，而德军被迫改用一种之前被鉴定为效用不良的炸弹。

我方轰炸机在取得这些成就的同时，实际上也遭受了损失。在我们所有的军力中，轰炸机是最早用于对抗导弹的力量。他们袭击了德国境内的研究中心、工厂，以及法国境内的发射场和供应库。截至战争后期，共计约两千名英国和盟军轰炸机的飞行员在伦敦保卫战中牺牲。

*　　*　　*

在大不列颠防空总部，考虑较多的是战斗机和高射炮所肩负的任务。我们的部署似乎足够合情合理：战斗机在海域上空以及肯特郡和苏塞克斯郡的大部分地区的上空巡逻，因为这些地区遭受的导弹袭击较为分散；而高射炮则集中对抗伦敦附近一带的进攻，当导弹逼近这一地带时，他们会聚集形成一条密集的战线。这样一来，每一种防御方法均能充分发挥其作用。不出所料，在战役开始的前几周，正如之前所有战役一样，战斗机的防御成效远胜于高射炮的效用。然而，7月的第二周，派尔将军和一些有见识的专家总结出一个结论：在不过度影响战斗机效用的情况下，若将高射炮移至海岸，其发挥的作用将显著提高。这样，指挥高射炮发射的雷达探测范围会更为广阔。同时，使用从美国运来的无线电近炸引信炮弹也将更为安全。之前，由于敌方无线电干扰的影响，我们一直不确定高射炮能否在海岸使用雷达，但得益于我方准确的情报和精准的轰炸，到进攻发起日，我们已经使德国所有干扰站失效。可是在明知此举可能会影响战斗机效用的前提下，将如此巨大的高射炮阵队从北当兹撤离并沿海岸重新部署，无疑是一项十分重大的决定。

邓肯·桑兹是此项调整工作的负责人。7月17日，他向战时内阁进行汇报：

鉴于过去几周的战果，我们对防御导弹的计划进行了重新部署。过往经验证明，在原定计划中，战斗机和高射炮常常相互干扰，而且将大部分导弹击落在陆地上实为不必要。因此，经决议，我们将在四个不同的地带重新进行防御部署，具体情况如下：

1. 海上战斗机防御带

战斗机在短程无线电指挥下，在距离海岸不少于一万码处进行作战。

2. 海岸高射炮防御带

用于防御导弹袭击的高射炮都部署在比契角至圣·玛格丽特湾一带，宽五千码的狭长海岸地带。高射炮射程最远一万码。

3. 内陆战斗机防御带

在海岸高射炮防御带和气球拦截网之间的内陆地带，将是战斗机第二防御带，而无线电信号将指挥战斗机的行动。在高射炮防御带内，高射炮的爆炸将有助于战斗机飞行员识别正在逼近的导弹飞行路线。晚间探照灯照亮整片内陆战斗机防御带，为战斗机提供支援。

4. 气球防御带

气球拦截网的边界将不会进行重大调整。

上周末完成了沿海岸新地点重新部署高射炮的工作，今晨六点已开始实施新的防御计划。

虽然此次重新部署任务艰巨，但执行速度迅速，值得称赞。近四百门重型高炮和六百门双筒自动高射炮需要迁移到新地点重新架设。此次任务共铺设长达三千英尺的电话线，完成了两万三千人次的迁移，高射炮指挥部的车辆在一周之内行驶了两百七十五万英里。在四天时间里，向海岸迁移的工作全部完成。

此次行动是在征得邓肯·桑兹的同意的基础上，由空军中将希尔

和派尔将军自主决定和执行的。由于战斗机的行动受新安排的限制，在重新部署的头几天，我方联合防御部队摧毁的导弹较以前大为减少。但这样的挫败情况并未持续多久。很快，高射炮发挥效用，作战效果也迅速改善。高射炮配备了新雷达和预测设施，尤其是应用了近炸引信——这些都是我们在六个月之前向美国所寻求的援助——这些新设备发挥的效用超出了我们原先的期待。截至 8 月底，漏网进入伦敦的导弹不超过发射总数的七分之一。8 月 28 日创造了"最佳纪录"，当天共九十四枚导弹逼近我方海岸，除了四枚漏网导弹外，其余悉数为我方摧毁。气球拦截了两枚，战斗机截获了二十三枚，高射炮击落六十五枚。V1 型导弹已被我方攻破。

　　我方炮兵的战绩，令海峡对岸密切关注着我方高射炮效用的德军不知所措。当时，英加军队从诺曼底向安特卫普挺进，一路所向披靡，并在 9 月第一周攻占了敌方的发射场，也使德军不解其惑。军队的战绩将伦敦及其防卫部队从持续了三个月的紧张状态中解放出来。9 月 6 日，内政大臣兼国内安全大臣赫伯特·莫里森先生宣布："伦敦之役获胜。"尽管之后德军仍时常从战斗机上向我方投射炸弹，还从荷兰发射导弹进行侵扰，但这些威胁对我们已无足轻重。敌方共计向伦敦投掷了大约八千枚导弹，约两千四百枚穿越防御线。我方民众总计六千一百八十四人死亡，一万七千九百八十一人重伤。这些数据并未完全说明情况：尽管还有许多人负伤，但都未曾在医院治疗，准确的伤亡情况并未完全记录在册。

　　我方情报部门发挥了至关重要的作用。我方及时获取了这项武器的尺寸、性能及其预计的袭击规模等信息，从而使战斗机做好了随时应战的准备。我们还侦察到敌方发射场和储存导弹的山洞的位置，因此我方轰炸机延迟了敌方进攻，并减弱了对方火力。我方采用一切可用的方法收集情报，并运用卓越的技巧将之拼接解读。在此，我向所有为我方提供情报的人员致敬，他们大多在极其危险的情况下工作，甚至有一些人的名字我们将永远不会知道。

　　但仅靠得力的情报信息也无济于事。战斗机、轰炸机、高射炮、

丘吉尔二战回忆录 —— 盟军登陆

气球、科学家、民防组织，以及所有为这一切做后盾的组织都充分发挥了各自的作用。加上我方军队在法国境内的胜利，可以说这绝对是一场伟大而配合默契的防御作战。

新一轮的威胁又日渐逼近，即远程导弹，或称之为 V2，早在十二个月前我们就已对此感到忧心不已。然而，德军发现完善这种武器十分困难，而那时 V1 导弹已率先制造成功。但是，几乎在 V1 导弹开始袭击的同时，已有迹象表明新型导弹的袭击也为期不远了。这款导弹和其弹头的重量成为人们议论的焦点。据早期一些颇为可疑的情报称，弹头重达五至十吨，而我方的一些专家依据其他理由推定这样的重量是合理的，便相信了这些情报；而还有一些人认为，导弹重达八十吨，其弹头重达十吨。彻韦尔勋爵对这种导弹的实际运用表示怀疑，更不用说是重达八十吨的庞然大物了；早在 1943 年 6 月，在情报部尚未对导弹发表任何看法之前，他就已对导弹做出判断，而事实证明他的观点正确。除这两种极端观点外，还有几则情报称，这是一款轻型导弹，绝不会重达八十吨。可是，尽管多方各执一词，我们仍对此感到十分焦虑。

我们知道敌方仍在佩内明德继续工作，加上欧洲大陆方面稀稀落落地传来相关的报告，我们再次对导弹袭击的规模及紧迫性感到焦虑。7 月 18 日，琼斯博士向石弓委员会报告说，敌方可能已制造出一千枚导弹。7 月 24 日，桑兹向内阁汇报：尽管我们尚未获取关于德国向西发射导弹的可靠信息，但仅凭这一反面证据，而认为敌方不会很快使用导弹，那是不明智的。次日，三军参谋长在给我的一份备忘录中写道："空军参谋部同意这一说法，参谋长委员会认为应及时提醒战时内阁对此予以关注。"7 月 27 日，战时内阁就这一情况展开讨论，并认真考虑了赫伯特·莫里森先生的提议，包括从伦敦撤出约一百万人的安排。

我们尽一切努力填补我方对导弹大小、性能和特点了解的空缺。情报部将从众多渠道收集到的信息碎片拼接起来，递交给石弓委员会。依据这些信息，我们推断导弹重达十二吨，弹头重达一吨。导弹重量之轻解答了我们先前的疑惑，比如为何导弹未配备精密而复杂的发射装置。之后，皇家航空研究所获得了一次检测一枚真正的导弹残骸的机会，证实了这些推断。由于敌方6月13日在佩内明德的试验出现差错，这枚导弹阴差阳错地落入我们手中。根据一个囚犯的供词，具体情况如下：德军使用滑翔炸弹袭击我方舰船已经有一段时间了，滑翔炸弹从飞机上发射，依据无线电的指引向目标发动袭击。如今，敌方决定试试看能否用同样的方式引导导弹。于是，他们找到一个内行的操纵专家，并给他安排了一个好位置便于观察导弹发射过程的一切情况。尽管佩内明德的实验人员对导弹发射早已司空见惯，但没想到的是，滑翔炸弹专家对这个场面太过吃惊，竟全然忘了自己的职责。惊惧之下，他还把操纵杆向左推了很远并且死死按住。导弹也随之向左转动，等到这位操纵员定下心来的时候，导弹已不在控制范围，朝着瑞典飞去，并在那里坠落。很快，我们就收到消息。经过商谈，我方决定将导弹残骸送往法恩巴勒，我方专家在那里成功地将撞毁的碎片整理了出来。

不到8月底，我们就已了解了这种即将需要应对的武器。具体情况如下表。表格中包含了科学情报部于8月26日汇报的数据和我们在战后发现的德方记载的数据，以及二者的比对情况。

	1944年8月26日 英国方面预估数据	德国方面的数据
总重量	11.5—14吨，约12—13吨	12.65吨
弹头重量即炸药分量	1吨	1吨（有时是0.97吨）
射程	200—210英里	207英里

库存总数及每月产量

	1944 年 8 月 26 日英国方面预估数据	德国方面的数据
库存总量	约 2000 枚	1800 枚
月产量	约 500 枚	1944 年 5 月，300 枚 1944 年 9 月至 1945 年 3 月，618 枚

这款导弹在技术方面的突破十分显著。导弹由喷射式发动机中的酒精和液氧燃烧产生推力。这款导弹一分钟可燃烧约四吨酒精及五吨液氧，而将这些燃料按所需速度压入喷射器则需要一个近一千马力的特制泵。而特制泵在过氧化氢驱动的涡轮机推动下运转。导弹的导航受回旋器控制，或者由喷射发动机后方大型石墨扰流板上的无线电信号调整排气方向，进而控制发射方向。发射后，导弹先直线上升至六英里高度，再通过自动控制转向，以四十五度斜角逐渐加速上升。当导弹加速行至所需射程时，将进行进一步控制，即切断喷射发动机内的燃料供应，导弹随即沿一条巨型抛物线继续飞行，直至五十五英里的高度，最后降落在距离发射场约两百英里的地方。最快速度可达每小时四千英里，整个飞行过程不超过三至四分钟。

*　　*　　*

截至 8 月底，我方军队把距离伦敦二百英里导弹射程范围内的所有敌军全部驱逐，但敌军还是设法守住了伐耳赫伦和海牙两地。9 月 8 日，V1 轰炸结束一周后，德军向伦敦发射了首批两枚导弹。第一枚 V2 于晚间六点四十三分坠落契济克，另一支在十六秒后坠落埃平。大多数导弹从海牙发射，在我方解放海牙前的七个月间，敌方共向英国发射了一千三百枚导弹。虽有部分未达目的地，但仍有五百枚导弹袭击了伦敦。V2 在英国造成的总体伤亡情况为：两千七百二十四人死亡，六千四百六十七人重伤。平均来看，一枚 V2 造成的伤亡人数是

V1 的两倍。虽然两者弹头大小无异，但人们可以根据 V1 的刺耳引擎声获得预警，进而寻求掩护，而 V2 的袭击总是悄无声息的。

我们尝试了多种防御措施，但仍需进一步探索。一年前我们袭击了佩内明德，此举比任何其他方法都更有效地缓解了威胁。不然 V2 袭击至少会跟 V1 袭击来得一样早，而且所需射程更近，因此，6 月的导弹袭击比 9 月及之后的更为准确。美国空军在七八月份继续轰炸佩内明德，并联合轰炸机指挥部一起袭击导弹零件工厂。我方军队也功不可没。早在德军准备朝我方开火前，他们就已将导弹逼退出了其射程的最远范围。同时，我方战斗机和战术轰炸机继续干扰海牙附近的发射场。一旦德军使用导弹，我们便对导弹的无线电控制进行干扰，我们甚至还考虑过，在导弹落地前用炮火对空中飞行的导弹进行爆破。

由于我们采取了防御措施，敌方每月向伦敦和欧洲大陆发射的导弹共计不超过四百或五百枚，而敌方原定计划是每月发射九百枚导弹。虽然导弹一旦发射，我们也无力对抗，但我们成功拖延并极大地削弱了敌方的攻势。敌方每月向伦敦发射约两百枚导弹，其余大多针对安特卫普，仅有少数针对欧洲大陆上的其他地区。直到 11 月 8 日敌方才首次提及这款新导弹，而我直到 11 月 10 日才觉得有必要做出公开声明。那时，我已能向下议院保证，袭击的规模及其影响并不严重。所幸最后几个月的战况也确实如此。

尽管该导弹在技术方面突破显著，但施佩尔，这位极具才干的德国军备部长却为他们费尽心力制造导弹而感到遗憾。他声称，制造一枚导弹所花的时间可用来制造六七架战斗机，而战斗机可能远比导弹有用得多；制造一枚 V2 导弹的成本可用于制造二十枚 V1 导弹。彻韦尔勋爵战前经常说的这些观点在战后得到了验证。

*　　*　　*

希特勒还曾想制造出另一种 V 型武器。这是一种多管远射程的大炮，原本埋藏在多佛尔海峡省米莫耶克村附近的地下。该装置有五十个滑膛炮管，每个大约四百英尺长，其发射的炮弹直径六英寸；炮弹的固定不用陀螺，而是用飞镖一样的弹尾。炮管内有几个侧喷管，弹药则装在侧喷管内，当炮弹加速飞行时，弹药也随之点燃。其设计的初衷是：炮弹从炮管射出，以至少每秒五千英尺的速度飞行。然而，他的希望完全落空了：试验的炮弹全都半途坠毁，射程和准确性皆无法保障。1944 年 5 月 4 日，一百名科学家、技术人员和在职军官在柏林碰头，得出一个不如人意的结论：我们不得不告诉元帅我们失败了。我们后来才得知此事。为了防御袭击，我方轰炸机曾一再对米莫耶克的混凝土工事进行轰炸，敌方五千名工人不得不一再对其进行修复。

* * *

在记载希特勒对英国的"报复式"袭击时，我们千万不能忘记德军也使用同样的报复式武器袭击了比利时已经解放的城市，那里也遭受了同样的苦难。当然，我们绝不允许德军肆无忌惮。我们对德军的制造中心及其他目标展开轰炸，削减了他们对比利时的袭击力度。同时，敌军对我方的攻击力度也同样遭到削弱。但在新收复地区重新部署具有精密控制设备的战斗机和高射炮防御工事绝非易事。据德国方面记载，截至战事结束，共向安特卫普发射八千六百九十六枚 V1 导弹、一千六百一十枚 V2 导弹，共有五千九百六十枚坠落在距离市中心八英里处，而在此范围内共造成三千四百七十名比利时市民、六百八十二名盟军军人死亡。此外，向列日发射导弹共计三千一百四十一枚，向布鲁塞尔发射导弹共计一百五十一枚。比利时人民同我们一样，以坚不可摧的精神顶住了敌方毫无人性的狂轰滥炸。

* * *

尽管德国的 V 型武器在此次战事中未见成功，但这些新式袭击手段的潜力让我们印象深刻。邓肯·桑兹在对内阁进行汇报时，强调了导弹在未来战事中将起到的决定性作用，他还指出我们需要投入大量资源促其发展。以下摘要意义非凡：

> 这种喷气推进式导弹受无线电远程控制，其在军事作战行动上表现出巨大的潜力，并具备其他新的可能。将来，远程导弹的优越性可与海军或空军方面的优越性相媲美。在和平时期，我们也应招募一批高级科学和工程人员，以及引进大批研究设备，作为军事组织的一部分。

> 我们开始自行设计导弹，战事结束时，我们已为此设立了一个永久性机构。

＊　　　＊　　　＊

以上就是有关新式武器的记载：数月来，希特勒一直对此寄予厚望；而英国当局凭借着先见之明、各军种的技术能力，以及民众不屈不挠的精神，大败敌方；英国人民在这次战事中再次以自己的实际行动为"大伦敦"增光添彩。

第四章

FOUR

对法国南部展开进攻

德黑兰会议上的战略决定——登陆法国南部的计划——延迟攻夺罗马——"霸王"作战行动需要更多南部或西部的港口——英美两国参谋长意见相左——与罗斯福总统通信——威尔逊将军奉命袭击法国里维埃拉——拜访艾森豪威尔，朴次茅斯会议——罗斯福先生来电表达相反的意见

解放诺曼底在 1944 年的欧洲战役中至关重要，但那只是袭击纳粹德国行动中的一环而已。在东部，苏军正涌入波兰和巴尔干国家，而在南部，驻扎意大利的亚历山大军队正向波河逼近。我们现在必须决定在地中海地区的下一步行动，而遗憾的是，我们与美国盟友在战略方面第一次出现了重大分歧。

1943 年 11 月，我们在德黑兰会议上经过冗长的商讨，初步拟定了夺取欧洲最终胜利的计划。至今这些决议仍影响着我们的计划。如今，回顾一下这些决议也未尝不可。首先，最重要的一点是，我们已承诺执行"霸王"行动。这是我们的主要任务，也是我们的首要职责，这一点无人质疑。但我们在地中海仍有强大的军力，那么问题也随之而来：他们应当怎么办呢？我们已决定用这些军力去攻夺罗马，罗马附近的机场是我们轰炸德国南部的必争之地。一旦完成这项任务，我们就计划一路朝着半岛前进，直至比萨—里米尼一线，尽量把敌军牵制在意大利北部。然而，这还不是全部。我们还一致同意了第三个作战计划，即在法国南部展开两栖登陆行动，而我们正是在这一点上开始出现分歧。该计划的初衷是作一次佯攻或威胁，旨在把德军拖在里维埃拉，阻止他们加入诺曼底战役。但德黑兰会议上，美军却主张以十

个师的兵力进行一次真正的袭击，还得到了斯大林的支持。尽管我考虑过在意大利取胜的其他方法，但我还是同意了这项变动，主要是为了避免对缅甸方面做出不恰当的调整。这一计划取名为"铁砧"。

很显然，如果我们未在恰当的时机登陆法国南部，此举将毫无价值。仅用佯攻威胁就足以将德军控制在该地区，真正展开袭击的话，反而可能会招致敌军增援。可一旦我们在诺曼底交火，"铁砧"的价值就会大打折扣，因为希特勒不可能为了固守普罗旺斯而从法国北部主战场调集兵力。如果我们打算完全攻下里维埃拉，就必须赶在诺曼底登陆前或与之同时进行，这也是我们在德黑兰如此计划的初衷。

"铁砧"成功与否还受到一个因素的影响。放弃佯攻而全面开战的话，所需的大批兵力都必须从意大利境内调集。但那里兵力的首要职责是夺取罗马及机场，这项任务艰巨而重大。达成目标前，从亚历山大那里抽调兵力几乎是不可能的。因此，执行"铁砧"行动前，必须先攻下罗马。

如果我们能迅速攻下罗马，一切都将顺利进行。到时，我们从意大利前线撤军，在恰当时机执行"铁砧"计划。如果不能迅速攻下罗马，在法国登陆的行动中仅作佯攻就够了。假如我们急于登陆，却不能在"霸王"行动开始前登陆，我军则需长途跋涉才能与艾森豪威尔军队会师，到那时海滩之战都结束了。他们将来不及援助。事实上也的确如此，这一点似乎在1944年初就早有预兆。

在德黑兰会议上，我们都曾信心满满，预计初春就能抵达罗马。但事实证明这根本不可能。为了加速夺取罗马，我们向安齐奥发起了一场重要袭击，此举把德军八个或十个师诱出了主战场，或是比我们在"铁砧"计划中预期的将敌军诱到里维埃拉的数量还要多。事实上，我们这样做已经达成"铁砧"的目标，因此，"铁砧"计划被取代。尽管如此，里维埃拉作战行动还是要像什么都没有发生过一样继续进行。

除"铁砧"作战计划前途未卜外，我方在恰当的时机将部署在意大利的部分精锐之师调集，以支援"霸王"作战行动，并于1943年年

末出发前往英格兰。于是，亚历山大方面兵力锐减，而凯塞林方面的力量增强。德军已向意大利派去增援，避开了我方对安齐奥的突袭，还阻止我方在进攻发起日之前进入罗马。当然，敌我双方的激烈交战牵制了敌方重要的战备资源，使之无法用于支援法国战场。毫无疑问，这一点在关键的早期阶段对"霸王"作战行动极为有利，但我们在地中海地区的战事依然毫无进展，令人失望。登陆艇方面也困难重重。众多登陆艇被调集支援"霸王"行动，待其返航后才能加入"铁砧"行动，而且这还取决于诺曼底的战况。我们早就预料到了这些情况。早在 3 月 21 日，地中海战区最高司令官梅特兰·威尔逊将军就汇报：7 月之前无法发起"铁砧"行动。后来，他决定在 8 月中旬展开行动，并宣称协助"霸王"行动的最佳方案，就是放弃进攻里维埃拉，转而将兵力集中至意大利。

到 6 月 4 日攻克罗马时，我们不得不重新审视这个问题。是应当继续执行"铁砧"行动，还是制订一个新的作战计划？

艾森豪威尔将军自然希望尽一切可能增强他向西北欧进攻的兵力，他并不关注在意大利北部的可行性战略。但是如果登陆艇能够尽快返航，对迅速执行"铁砧"计划有所帮助，艾森豪威尔将军将会同意这个做法。美军参谋长与艾森豪威尔的想法一致，坚持认为应在关键据点最大程度集中兵力，在他们看来，只有西北欧地区才称得上关键据点。美国总统赞成这两人的主张，还一直关注着数月前在德黑兰会议上与斯大林达成的协议。然而，一切都因意大利战场的拖延而发生了改变。

*　　　*　　　*

进攻发起后不久，马歇尔将军前往英国，表达了他对于另一个问题的担忧。大批兵力正在美国集结，预计很快投入战事。这些兵力可以直达法国，也可经英国转道法国；我们也需做出相应安排，但马歇尔怀疑我们的港口无法容纳如此多的兵力。当时，我们在法国海岸沿海峡地区仅有几个港口可用。艾森豪威尔正计划攻占布雷斯特，如果进展顺利，比斯开湾的其他登陆点也将落入我们手中，但我们尚无法确定能否攻下这些地方，更不确定是否有充足的时间清理这些港口。然而，全面迅速地集结兵力对"霸王"行动至关重要。马歇尔将军建议把法国西部或南部的所有新据点全部攻下，而且最好是西部据点，因为从美国出发的兵力抵达西部据点更快。

我很清楚这一情况，还曾一度考虑过从北非向比斯开湾沿岸进攻，虽然这在7月底或8月初之前都无法实现。意大利境内的情况也令我感到焦虑，但我不希望因此影响到亚历山大攻克意大利。我认为这些都还有选择的可能，我们应做好充足准备以做出最好的选择。

6月14日，联合参谋长委员会决定为在地中海展开的两栖作战行动做准备，可能是在法国南部，或是比斯开湾，抑或是亚得里亚海的源头。目前进攻目标尚未确定。三天后，马歇尔将军到访地中海，与众司令官商讨。当时，威尔逊将军第一次听闻"霸王"行动需要动用更多的港口，感触极深，但他依然坚持反对"铁砧"计划的立场；6月19日他告诉联合参谋长，他仍然认为全力向波河流域挺进才是对我们共同目标做出的最大贡献。因此，借助两栖作战行动，在亚得里亚海源头对伊思半岛的进攻（该半岛由的里雅斯特向南延伸并受之管控），我们很有希望能够穿过卢布尔雅那山峡向奥地利和匈牙利进军，并从另一个方向直击德国心脏地区。亚历山大表示赞同。

当时，史末资在意大利，给我发来了一封电报。

史末资元帅致首相：

我已与威尔逊和亚历山大商讨过亚历山大部队之后的派遣事宜，简要地向您汇报如下。由于我们尚不确定"铁砧"计划能否直接帮助艾森豪威尔，且考虑到此举耗时太久，而我们的时间又如此宝贵，因此他们两位均不赞同现有的"铁砧"计划。亚历山大已取得很大胜利，目前军队士气高涨，很显然不应将其拆散，也不该阻止他们乘胜追击。艾森豪威

尔方面即将得到增援，那么，他不仅能守住自己的阵地，将其右翼延展到卢瓦尔河，而且还能东进直至巴黎甚至抵达更远的地方。左翼扩展与否是参谋长们考虑的问题，也应由他们汇报，但是这件事情不应耽误调拨方面的决定，因为调拨问题更为紧急且至关重要。

关于亚历山大的进军计划，他和威尔逊一致认为：突破波河之后，挥师东进到伊斯特里亚、卢布尔雅那，直至奥地利，都不会有什么困难。亚历山大希望海陆同时进军，而威尔逊则主张从海路进军，这样三个师的海军加上一两个师的空军就足够了，而且可能在9月初就能攻下的里雅斯特。由此，再度东进，沿路汇集游击部队的支持，或许还能将敌人赶出巴尔干各国。加上我们与苏军合作挺进奥地利和德国，艾森豪威尔同时从西部展开进攻，如此三面夹击极有可能早日摧毁敌军。

亚历山大刚刚与指挥官们开会，现在他正向帝国总参谋长汇报。我只想补充一点，威尔逊和亚历山大两位将领才能卓越且经验丰富，他们深思熟虑后提出的观点，我极为重视，联合参谋长委员会不应置之不理；无论如何，委员会制订计划时不会不考虑这两位将领共同坚持的建议。威尔逊和亚历山大提出了众多理由，让我深刻认识到此事的紧迫性，如有可能，在下周末之前必须做出决定。

1944 年 6 月 23 日

*　　　*　　　*

鉴于法国北部战役的决定性意义，艾森豪威尔将军于 6 月 23 日向联合参谋长建议，集中我方兵力直接对此予以支援。他承认，穿越卢布尔雅那山峡向前推进可能会牵制住德军，但无法调离敌军在法国作战的兵力。至于向比斯开湾袭击一事，艾森豪威尔认为：相对于马赛，波尔多更靠近美国；但他又坚称利用地中海的驻军可以更快攻下马赛，从而为我军直接北上加入鲁尔之战铺平道路。他说："在我看来，英美的战备资源有限，我们无法在欧洲拉开两个均具有决定性意义的主战场。"因此，他主张执行"铁砧"行动，即使此举要以牺牲我方在意大利的军队为代价。

我们一致同意应优先执行"霸王"行动。现在问题的关键是，在意大利这个第二战场，我军如何才能最有效地配合击溃德军的行动。美国参谋长极力支持艾森豪威尔的主张。他们将"铁砧"描述为"用地中海的兵力在意大利北部和巴尔干地区进行大规模作战行动"，并对此予以谴责。而我们自己的参谋长持相反看法。6月26日，他们宣称，为最大程度协助"霸王"行动，地中海的盟军将摧毁对面的德军。为了在8月15日开始"铁砧"行动，需要立刻从意大利前线撤军；而他们更愿意从海上直接向艾森豪威尔派兵，而不是在里维埃拉登陆。他们的主张很有先见之明：如果想要把"铁砧"行动的规模扩大到可以取胜的程度，就不得不把亚历山大将军的剩余兵力抽调得残缺不全，但该部队之后的行动就会严重受限。

他们极力主张，亚历山大应当在意大利继续展开攻势，以牵制并摧毁与之交战的所有德军；威尔逊将军应当竭尽全力加强其进攻法国南部的声势：在艾森豪威尔能接纳的范围内，以及我方航运资源允许的条件下，威尔逊应向其调拨一个或多个美军师，或所有法军师。

双方各持己见，进行激烈争辩，而这一直接冲突只能由我和罗斯福总统两个人来解决，于是，现在我们开始互通电报。

我在6月28日的电报中说道："双方参谋长意见相左形成僵局，问题严重。首先，我们希望以最快最有效的方式支援艾森豪威尔将军。但是，我们认为，此举并不见得会完全毁掉我们在地中海方面所做的一切，而且我们难以理解的是，为何一定要我们这样做……我恳请您亲自详查此事……请记得您在德黑兰是如何向我讲述伊斯特里亚问题的，以及我是如何把它提到正式会议上的。尽管这件事并不是我们需要立刻考虑的问题，但我对此深感忧虑。"

之后，我向罗斯福先生归纳了我的观点：

1. 我们直接增援"霸王"行动，从西面进行最大规模的登陆。

2. 下一步，利用地中海战场目前已创造出来的大好机遇，缩小进攻范围，仅作小规模威胁，旨在将敌人牵制在利翁附近。

3. 如有需要，我们会将所有登陆艇全部交给艾森豪威尔，以增强其登陆作战的能力。

4. 确保"霸王"战区的港口吞吐量增至最大限度。

5. 不为一场大战而牺牲另一场大战。争取双赢。

总统立即做出回复，但意见相左。他下定决心要执行所谓的德黑兰"伟大战略"，即，最大限度地执行"霸王"行动，在意大利境内乘胜追击，并及早进攻法国南部。虽然政治目标十分重要，但为之采取的军事行动，必须服从于欧洲地区直击德国心脏战役的统筹，斯大林本人赞成"铁砧"计划，并将之列在地中海所有作战行动中的首要位置；罗斯福先生声称，在未同斯大林商议前，他是不会放弃这个计划的。总统还继续说：

我关注的焦点和抱有的希望在于，击败与艾森豪威尔对阵的德军，进而直驱德国，而不是把这次行动局限为意大利境内的一次大战。我相信，撤出"铁砧"行动中的军队后，我们在意大利就有充足的兵力从比萨—里米尼往北追击凯塞林，向其施压，至少牵制住他目前的兵力。我不相信德军会像威尔逊将军料想的那样，为将我们赶出意大利，宁愿付出牺牲十个师的代价。

我们能够立即从意大利抽调五个师（三个美军师，两个法国师）支援"铁砧"行动，威尔逊也已确认执行该计划。

剩下的二十一个师，再加上众多独立旅，定能保障亚历山大在陆军兵力方面占据优势……

　　罗斯福声称，在比斯开湾登陆是对航运力量的一种浪费。如果艾森豪威尔需要更多兵力，他们便会在美国待命，只需他开口。但艾森豪威尔反对袭击伊斯特里亚半岛，也不赞同穿越卢布尔雅那山峡挺进维也纳，这不但揭示了美国军事计划的刻板，而且也透露了他对所谓的"巴尔干"战役持怀疑态度。他还声称，亚历山大和史末资"出于物质的因素和十分人性化的考虑"主张放弃这两项重要行动。第一，此举妨碍了"大战略"的执行；第二，此举耗时长久，我方可能无法调动六个师以上的兵力。"我不能同意"，他写道，"部署美军进攻伊斯特里亚及巴尔干各国；我认为法国方面也不会同意这样调用法军……"仅从政治上考虑，如果人们知道大批军队调离巴尔干各国，或者"霸王"作战行动遭遇丝毫挫败，我也担不起此责。

　　在这些参与商讨的人中，没有一人想过派兵到巴尔干各国。但是，无论从战略方面，还是从政治方面考虑，伊斯特里亚和的里雅斯特都是要地，正如他清楚地看到的那样，这两地可能会对战事产生深刻而广泛的影响，尤其是苏军向前挺进之后。

　　总统曾一度提议，我们向斯大林表达各自的意见。我说，如果把这个问题交由斯大林解决，不知道他将作何反应。从军事角度来看，他当时可能会对亚历山大军队东进作战感兴趣，在不侵入巴尔干各国的情况下，这次进军将对当地军队产生极大影响；再加上斯大林进攻罗马尼亚，或是连同罗马尼亚对特兰西瓦尼亚进攻，如此进军将会对战事产生最为深远的影响。从长远的政治角度出发，他可能更愿意让英美在法国各司其职，共同应对将要到来的艰苦战斗，这样东欧、中欧及南欧都自然会落入他的手中。但我认为，我们自己的问题自己解决更为稳妥。我经常提议面谈协商，我也确信如果我们能面谈，就能够愉快地达成一致。

　　7月2日，总统宣称，他和他的三军参谋长仍然相信应当尽早开

展"铁砧"行动，并让我们对威尔逊将军做出相应的指示。他说，当时他在德黑兰就考虑过，一旦德军开始从多德卡尼斯和希腊大撤退，就应在伊斯特里亚开展一系列有力进攻。然而，这并未真正发生。

"因此，"他总结说，"考虑到我们的主要力量不应被分散到新战场，我与三军参谋长达成了一致意见。"

"我诚心相信上帝与我们同在，在'霸王'行动中是这样，在意大利和北非的战斗中也是如此。我一直记得我初学的几何知识——'两点之间直线最短'。"

我只好暂时退让。也是在同一天，即8月15日，威尔逊受命进攻法国南部。相关准备工作即刻展开，读者也应注意到，"铁砧"计划此后改称"龙骑兵"计划。之所以这么做，是为了防备敌人已经知晓原代号的意思。

＊　　　＊　　　＊

然而，到8月初，诺曼底战场发生了重大变化，事态也将发生重大变化。8月4日，我再次与总统讨论"龙骑兵"计划向西调集一事。

首相致罗斯福总统：

1. 诺曼底和布列塔尼的战事进展良好，尤其是美军表现卓越。待以时日，整个布列塔尼半岛将有望落入我方手中。我恳请您考虑能否把"龙骑兵"调集到主要且重要的战场作战，它必将即刻在我们所处的这场伟大的胜利之战中就近发挥作用。

2. 我不愿谎称相关细节已经全部安排妥当，但我的观点是他们能够找到解决方法。我们发现，与其在敌方防御工事坚固的地点强行登陆，选在布列塔尼半岛圣纳泽尔的西北方向的一些地方与美军会师将更为便捷。我认为，我们完全可以利用海、空力量的灵活性，随事态变化而行动。拨给"龙骑兵"的十个师及其登陆艇，可能很快就到齐；待其配备齐全，将对艾森豪威尔乘胜横穿法国以最短的距离进军起到决定性作用。

3. 我诚挚恳请您指示三军参谋长研究这项建议，我们这边的人员已开始着手这项任务。

1944 年 8 月 4 日

我也希望霍普金斯能对此予以帮助。

首相致哈里·霍普金斯先生：

1. 我发现，虽然我们已取得辉煌的胜利，且时机日益增多，但依然未能就战略问题达成一致，这令我痛心。在我看来，美军骁勇善战，不但切断了布列塔尼半岛，而且在很大程度上让那里的已经涣散的敌军陷入混乱。圣纳泽尔和南特——也就是你们在上次战争中主要的登陆港口，随时可落入我们手中。而且，基贝龙湾、洛里昂和布雷斯特不久也会被我们攻下。我坚信，瑟堡以南的大西洋沿岸的德军已疲弱不堪，一片混乱；波尔多将被我们轻而易举地迅速攻破。攻下这些大西洋港口，加上我们已有的港口，能为我们最大规模地引入伺机而动的强大美军做好准备。除此之外，一旦圣纳泽尔被盟军占领，当前情况下看可能为美军占领，当下为"龙骑兵"计划准备的十个师就可即刻调集至此地。如此一来，可以立刻为艾森豪威尔提供一个大型港口，以及一支在右翼向塞纳河进军的新军。

2. 我重申一下，无论从英国还是从美国调兵，上述事项均不在原先的航运计划范围。若不如此，我们就得被迫在海上向设防坚固的里维埃拉海岸发起猛攻，并向西攻陷土伦和马赛两个要塞，由此开辟一个敌强我弱的新战场。同时，我方还需在错综复杂的地势进军，一路满是岩石阵地、山头和溪谷，难以应付。

3. 即使在攻下土伦和马赛两个要塞后，我们仍需沿罗纳河谷一路长途跋涉方能到达里昂。恐怕在登陆九十天之后，都不会有一场战役会影响到艾森豪威尔的战事①。我们不在圣纳泽尔附近就近行动，却要在距离主战场五百英里的地方展开进攻。这样，我方在布雷斯特和瑟堡战区的军队与土伦和马赛战区的军队均各自为战，互不关联。攻下马赛之后，从美国出发绕行那里将比直接横穿大西洋多耗时十四天左右。

4. 当然，无论如何我们都会取得胜利，但上述也都是残酷的事实。当时在德黑兰提出"铁砧"计划时，原意是在"霸王"行动发起日的前一周或后一周，以此牵制或是遏制敌军，以期从主战场调离八个德军师。我们决定展开安齐奥行动，可却在卡西诺耽搁。我们不得不继续延迟"铁砧"作战计划，直至其后续"龙骑兵"计划出现，而且与前者毫无关系。然而祸福相依，我们在意大利坚持作战，使德军从意大利北部及其他地区后备力量中抽调了不少于十二个师的兵力，且大部分被我方摧毁。刚巧，"霸王"行动发起的那天，凯塞林军队遭遇失败，罗马被攻陷，这些战果比我们原先对"铁砧"行动的预估成果要好得多，而那些不明真相的人还以为这是我们精心策划的。因此，我认为"铁砧"计划的目标已经达成。

5. 我们的正式抗议无效，我们提出的意见也遭到无视，不得不听从美国三军参谋长的意见，我们已尽力而为，其中包括提议提供近一半的海军力量。如果无法挽救这个局面，我唯有诚心祈祷美军所持观点正确。但目前我们在法国多次取胜，且未来胜算更大，当下局势已完全不同。在这样的情况下，依据英国三军参谋长的建议，我认为是时候重新讨论

---

① "龙骑兵"计划中的军队在同艾森豪威尔的部队会师以后，所参与的最初几次主要作战行动，时间是在 11 月中旬。

这个问题了。当初我们决定将参与"龙骑兵"计划的兵力运至圣纳泽尔，目前该部分兵力已完成指令且大半已登船待发，现在我们尚有三四天时间重新考虑这一决定。我承认临时变卦必将引起各种争议，但若是为了加强主战场上的兵力，进而争取在年内消灭希特勒，也应适当考虑，权衡轻重为妥。

6. 您知道我极为敬重马歇尔，如果您能出面解决这些问题，我将不胜欣慰，希望您能向他转达我的意见，特别是后面几段内容。他若抱怨，说我在德黑兰支持"铁砧"，如今又表示反对，那这几段话就是我的答复。

7. 请告知我，从美军角度来看，我上一次的演讲是否令人满意，有一些内容，您是否希望我以不同的方式加以陈述。我将我们两军的友好情谊看得高于一切。

致以诚挚的祝愿。

1944 年 8 月 6 日

他的复电让人沮丧。

哈里·霍普金斯先生致首相：
　　来电收悉。您就同一问题发来的电报，总统还未对此做出回复，但我确信他的答案是否定的。尽管我还没看到后勤问题的分析报告，但我十分确定，补给问题无法解决。现有的几个师可随时为艾森豪威尔扩充兵力做好准备，这将使各个港口不堪重负。当时也没有一人了解布列塔尼各港口的条件如何。在我看来，当下我方在"霸王"行动的战术方面取得的成就，与我们原先预想的启动"铁砧"计划时一样。现在改变策略将会大错特错，而且我认为，这不但对法国境内战事毫无帮助，而且会拖延我方在法国摘取唾手可得的胜利果实。此外，我还相信，从"铁砧"计划战区以北作战将比您预想的快很多。他们无法阻止我们前进。法国人将揭竿而起，像埃塞俄比亚人那样强力驱逐德国侵略者，我相信这其中会包括赖伐尔先生。一场伟大的胜利即将来临。

1944 年 8 月 7 日

* 　 * 　 *

那天，我拜访了艾森豪威尔设在朴次茅斯附近的总部，向他表达了我最后想要停止"龙骑兵"计划的一丝希望。我们一起愉快用餐，之后我同他进行了长时间的严肃谈话。陪同艾森豪威尔的人员包括比德尔·史密斯和海军上将拉姆齐。我则偕同第一海务大臣出席会谈，因为航运调动十分关键。简单来说，我建议继续将"龙骑兵"计划的远征军装载上船，但一旦登船就下令穿过直布罗陀海峡，从波尔多直接进入法国。英国三军参谋长就此事考虑良久，认为这一做法可行。我给艾森豪威尔看了我发给总统的电报——至今尚未收到回复，并尽力说服他。第一海务大臣极力支持我。而海军上将拉姆齐强烈反对改变计划。与之相反，比德尔·史密斯则宣称，他个人十分赞同计划的突然改变，因为这可使海军发挥出奇制胜的潜力。艾森豪威尔绝不会反对他的参谋长的看法。尽管计划一经决定便会被忠诚地执行，艾森豪威尔还总是鼓励他们在高层会议上自由发表意见。

然而，我却难以改变他的主意。第二天，我收到了总统的回复。

罗斯福总统致首相：

我已通过电报与我的参谋长协商，而关于让"龙骑兵"计划所配兵力通过布列塔尼沿岸各港口进入法国作战一事，我却无法与之达成一致。

相反，反复思量后，我认为应按计划在最早的可行时间发起"龙骑兵"计划；我完全有信心，这一计划将取得胜利，而且对艾森豪威尔将德国人赶出法国十分有利。

1944 年 8 月 8 日

我们能做的也就这么多了。值得注意的是，美军源源不断地开入欧洲，在远东的队伍日益壮大；到 7 月的某一天，首次出现美军参战人数超过我们的人数；如今更胜。通常情况下，兵力大增必使盟军作战影响随之增强。还应谨记的是，倘若英国之前的战略建议被接受的话，战略方面的准备可能会造成"龙骑兵"计划略微延迟，而这又可能激起广泛的争议。

　　首相致罗斯福总统：

　　　　我向上帝祈祷，希望您是正确的。我们自当竭尽全力，助您成功。

1944 年 8 月 8 日

第五章

FIVE

巴尔干的动乱：
苏联的胜利

中欧和东欧有必要与苏联达成政治性协议——美国国务院弥漫着一种紧张不安的气氛——朋友间的争论——我就土耳其问题向斯大林致电——斯大林复电，却未发表任何意见——苏联夏季攻势——芬兰请求停战——向涅曼河挺进——二十五个德国师被歼灭——苏军渡过维斯瓦河——罗马尼亚革命

1944 年夏季，苏军向中欧和东欧挺进。于是，与苏联就这些区域的问题达成政治性协议变得尤为迫切。战后的欧洲格局似乎正在成型。意大利已经开始出现困难局面。我们尽力直接与铁托进行谈判，以在南斯拉夫问题上达成一个均衡的结果；但在波兰、匈牙利、罗马尼亚以及保加利亚问题上，我们还未与莫斯科方面达成任何协议。5 月，我们在伦敦召开的最高（权力）会议上全盘考虑了所有问题。当时，我还交给外交部部长一份会议备忘录。

首相致安东尼·艾登先生：

1. 应当为内阁，或是最高（权力）会议起草一份文件，有必要简述我们与苏联政府之间存在的严峻问题；而且这些问题正在意大利、罗马尼亚、保加利亚、南斯拉夫以及希腊日益发酵。请尽可能在一张纸上罗列所有问题。

2. 目前我还无法下定结论，毕竟意大利存在的问题较多，柯廷先生今天早上谈过这个问题。总的来说，我的意见是我们应当就此做出明确的结论：我们应当在最佳军事时机开诚布公地谈论此事。当然，我们首先应当与美国进

行磋商。

1944 年 5 月 4 日

在同一天，我再次说道：

> 显然，我们与苏联人已经到了最后摊牌的时刻了。我认
> 为，苏联越发难以对付。

5 月 18 日，苏联驻伦敦大使对英国外交部进行短暂访问，双方就艾登先生提出的建议进行磋商。艾登先生提议，在战争条件下应由苏联负责处理罗马尼亚战事，而由我们负责处理希腊战事。苏联准备接受这个提议，但希望了解我们是否已与美国进行磋商。若是我们已经这么做了，苏联便会同意采纳。我把谈话内容记录下来，并就此事致电总统。他应该会支持这个提议，尤其是我们之间应保持密切的联系。

于是，我于 5 月 31 日以个人名义向总统致电：

首相致罗斯福总统：

　　1. 最近的种种迹象显示我们在处理巴尔干各国，尤其是希腊的策略问题上与苏联可能存在分歧，令人不安。因此，我向苏联驻伦敦大使建议，在这一问题上达成一致，即苏联政府主要负责处理罗马尼亚战事，而我们主要负责处理希腊战事，同时双方政府相互帮助。由于罗马尼亚处于苏军的势力范围内，希腊则处于威尔逊将军在地中海统率的盟军管辖范围内，这种安排是当下军事形势发展的必然结果。

　　2. 苏联驻伦敦大使于 5 月 18 日告知艾登，苏联政府同意采纳这个建议，但在做出最后保证之前，希望了解我们是否已与美国进行了磋商，以及美国是否同意这一安排。

　　3. 我希望您能批准这项提议。当然，我们并不希望将巴尔干各国划分为各个势力范围。我们同意这一安排的同时应

当申明，它只适用于战争条件下，不影响任何一个大国在整个欧洲问题和平解决之时和之后行使的权利和义务。我们双方共同制定、执行针对盟国的方针政策。当然，这一安排不会对我们当前的合作产生任何影响。这项建议目前十分有用，可防止我方与苏方在处理巴尔干各国的政策上产生分歧。

4. 同时，哈利法克斯已经接到指示，按上述建议向国务院进行汇报。

1944 年 5 月 31 日

最初，美国国务院的反应十分冷淡。赫尔十分惧怕任何"可能含有划分势力范围的意图或是接受这种意图"的提议。

6 月 8 日，我向在华盛顿的哈利法克斯勋爵致电，内容如下：

首相致哈利法克斯勋爵（华盛顿）：

1. 不存在划分势力范围的问题。我们必须协同作战，但一定得有人打前阵。由于苏军目前正向罗马尼亚和保加利亚进军，相关事务由苏联处理为宜；而希腊军队在我方的战场范围之内，我们还曾是盟友——为援助希腊，我方于 1941 年牺牲了四万名士兵，因而相关事务由我方处理为佳。这样的安排似乎合情合理。我有充分的理由相信，总统在希腊问题上的立场与我完全一致。至于南斯拉夫问题，我们也持同样的看法。我一直与他保持联络。但整体而言，我方军队以及英王陛下政府共同打前阵，同时还必须非常小心谨慎，且尽量与苏方保持步调一致。对于一个国家而言，在这种情况之下，如果将命运交由三方或是四方之间不断往来的电报所达成的协议支配，那么没有比这更悲惨的下场了。到时候，解决了一个问题，又会出现三个其他的问题。更何况，这些国家的局势瞬息万变。

2. 同时，只要不牵涉我方牛羊肉供应问题，我们在南美

就效仿美方的做法。可是我们几乎从未拿到牛羊肉，自然有
很大意见了。

1944 年 6 月 8 日

6 月 11 日，罗斯福回电：

罗斯福总统致首相：

简而言之，我们承认，任何一个特定区域内的军事负责
型政府一定会随军事形势的发展做出决定；但是，我们认为，
这种类型的政府做出军事决定之后，势必会将这种决定运用
到其他非军事领域，而签署建议类型的协议将进一步促进这
种势头的发展。在我们看来，这种做法一定会使贵方与苏方
之间产生不可调和的矛盾，而且你们也会在巴尔干地区划分
势力范围问题上产生分歧。

我们认为，较为可取的做法是成立协商机构，以消除误
解，阻止排他性势力范围的发展。

1944 年 6 月 11 日

首相致罗斯福总统：

1. 来电收悉，甚感担忧。若在采取任一行动之前询问每
个人的意见，必然不能正常行动。战事的发展总是比巴尔干
地区的事态发展更为迅速。因此，一定得有人掌握制订计划
和采取行动的权力。协商委员会只会对此造成阻碍；一旦有
紧急事件发生，可以不理会协商委员会，我们双方直接交换
意见，或是我们双方中的任一方直接与斯大林交换意见。

2. 现在让我们来看看在复活节发生的事件吧。我们完全
能够遵照您的意见应对希腊军队的叛变，因为我可以向指挥
官们发号施令，而且他们在一开始就主张实行安抚主义，最
重要的是不动用武力，甚至不威胁使用武力。在几乎无人流

血牺牲的情况下，希腊处境得到极大改善。如果我们保持坚定态度不动摇，就可以将希腊从混乱和灾难中拯救出来。在处理希腊事务方面，苏方准备让我方负主要责任。这意味着民族解放阵线及其所有蓄谋将受到希腊国民军的控制。否则，在您十分关切的这片土地上将上演一场内战，并从此毁于一旦。我一直向您汇报情况，之后还会继续这样做。您将读到我发送的每一封电报。鉴于这一点，我认为您应当信任我。

3. 如果当初我们在遇到上述种种困难时，与其他大国协商，然后开始三方或四方大国之间不断地互通电报，那么当时的结果只可能是一片混乱，甚至是回天乏力。

4. 鉴于苏联即将率领大批军队进入罗马尼亚，如果罗马尼亚充分发挥自身作用——他们可能会这样做，苏联将助其再次从匈牙利手中夺回特兰西瓦尼亚的部分地区。那么，在这种情况下，我认为承认苏联的领导地位是一件好事，因为你我都未在那里部署军队，而且苏军还可能在那里为所欲为。此外，我还认为，除了赔偿条款，苏联提出的其他条款都合情合理，甚至可以说是宽厚的。罗马尼亚军队造成苏军大批伤亡，幸灾乐祸地向苏联发起战争。我们无论何时、就任何问题与苏联对话，都不会有困难；但既然他们已经开始行动，就让他们按照原先达成的协议继续吧。

5. 这与我们在希腊的处境相同。我们是希腊的老盟友。我们曾为反抗希特勒、保卫希腊牺牲了四万名士兵的性命，其中还不包括克里特岛遭受的损失。希腊国王和希腊政府都置身于我们的保护伞下。目前他们在埃及定居下来，不过很可能搬至黎巴嫩，因为那里的氛围比开罗好。为了援助希腊，我们不仅牺牲了四万名士兵，还损失了大批舰船；我们削减在昔兰尼加的防御，却丧失了韦维尔在那里占领的所有领地。这对我们造成十分沉重的打击。正当我们面临危机之时，您向我发来了电报，而且还奇迹般地起了作用。我们的观点完全达成一致，结果也令人十分满意。为何这一行之有效的指挥渠道被中断，而由庸庸碌碌的官员组成的委员会——在将这个世界弄得乌七八糟的时候，我们没少成立这样的委员会——取而代之？既然我们意见一致，为何我们双方不能共同控制这一局势的发展呢？

6. 总而言之，我在 5 月 31 日的电报中阐述了相应安排，还提议我们就安排试行三个月一事达成一致；而且试行期满之后，必须再由三大国进行审查。

1944 年 6 月 11 日

6 月 13 日，总统批准这一提议，但补充说道："我们必须谨慎申明，不建立任何战后势力范围。"

我与他的看法一致，于第二天回复：

来电收悉，深表感谢。我已让外交大臣转告莫洛托夫，并申明试行三个月的原因，即我们不应对建立战后势力范围进行预先判断。

那天下午，我向战时内阁汇报了情况。由于试行时间只有三个月，我们于 6 月 19 日达成一致，即外交大臣应知会苏联政府，我们接受责任的总划分。然而，我们的行事方式令总统不悦了。他向我发来电报，其内容是，你们与苏联商议之后才向我们提及此事，我方深感不安。显然，总统生气了。6 月 23 日，我对总统的指责做出回应，概述我在伦敦的所见所闻。

首相致罗斯福总统：

1. 苏军是唯一能在罗马尼亚发动攻势的大国。我认为，我们双方已经达成一致，即除赔偿条款外，在合理停战条约的基础上，对在那里发生的战事下达一致的指示。事实上，

我们已经让三方密切合作，在开罗共同应对罗马尼亚的和平试探者。此外，为援助希腊，我们在1941年损失了四万名士兵，结果却是徒劳的。自此以后，希腊这一包袱就几乎完全落在了我们头上。您让我方负责处理土耳其方面的事务，但我们会与您一同磋商战略；我认为，我们已经就将要采取的战略达成一致。在遵守"向左滑"总方针的基础上——这在外交政策中十分普遍，任战事自由发展相当容易。但当希腊国王被迫退位时，民族解放阵线将村民和众多其他阶层的人民组成安保营，以免陷入完全无政府状态。阻止此事发生的唯一办法就是说服苏联人停止继续支持民族解放战线，放弃倾尽所有助其向前挺进的做法。因此，我向苏联人提出一个暂时性工作计划，以更好地应对战事。这只是一个建议，还得向您咨询，并征得您的同意。

2. 我不承认我在这件事情上有任何过错。若世上处在三个不同地方的三个人想有效地开展合作，而其中一人向另一个人提出建议时未能同时知会第三个人的话，这种合作就变得不可能。最近的一个事例足以证明：您及时地将与波兰人的谈话内容告知斯大林，却未向我透露半点信息。我并不是在抱怨，因为我明白我们都是在为同一个主题和目标奋斗，同时也希望您能从我处理希腊事务的过程中感受到这一点。

3. 我也采取行动，将铁托率领的军队与塞尔维亚军队，以及所有忠于南斯拉夫王国政府的军队联合起来。并且，我们已经认可了塞尔维亚军队和南斯拉夫王国政府的军队。目前这件事主要由我们负责，相信您已经十分清楚，我们在每一个阶段承受的沉重负担。我再次重申，没有比将国王和南斯拉夫王国政府扔给饿狼，致使南斯拉夫爆发内战更容易的事情了。这也正中德国人下怀。对于二者，我正想方设法从混乱中建立秩序，竭尽全力对付我们共同的敌人。我一直与您保持联络，因为我希望在我们可自主采取行动的范围内得到您的信任和帮助。

1944 年 6 月 23 日

　　总统对 6 月 27 日的来电进行回复，平息了朋友间的争论。"看来，"他说道，"我们双方都已不经意地采取单边行动，而且我们现在都认为，这仅是应急办法。因此，双方十分有必要就与盟军作战行动相关的事宜达成一致。"

　　我还在同一天进行了回复："在处理所有事件过程中的任一环节，我都会遵照我们达成的协议行事。"

　　然而，政治性的困难依然存在。苏方仍坚持与美方直接进行磋商。

*　　*　　*

　　另外一个问题也引起了我们的注意。目前苏军正在罗马尼亚边境踌躇。土耳其最后一次以同盟身份参战，将对东南欧未来的发展产生重大影响。现在，土耳其方面提议与轴心国断绝关系。

　　我将对这些事件的看法告知了斯大林。

首相致斯大林元帅：

　　1. 几周前，艾登向苏联大使提议，苏联政府应当负责处理罗马尼亚事务，而英国政府则负责处理希腊的事务。这只是一个临时工作安排，只为尽可能地避免三方往来电报造成的尴尬局面。此外，这些电报还使我们无法展开行动。当时莫洛托夫在一个恰当的时机向我建议，应当将这种情况转告给美方——我确实照做了，将来也打算这么做。经过磋商，总统答应将这项工作安排试行三个月。斯大林元帅，7 月、8 月和 9 月这三个月十分重要。然而，现在我才明白，这种做法对您来说有些难度。我想问的是，这项计划能否允许试行三个月。没人能断定这项计划是否会影响欧洲未来的发展，

或是否会将欧洲划分成势力范围。但我们可以在每个战场制定一个明确的方针政策，同时向其他战场汇报我们当前采取的战略行动。然而，如果您认为这种做法不具可行性，我也不会见怪。

2. 我还想向您汇报另外一件事情。土耳其愿意立即与轴心国集团断绝关系。我与您的看法一致，土耳其应当宣战。但是我担心的是，如果我们告知土耳其这样做，他们会出于防御目的向我们请求空军支援，以护卫其城镇，可是我们当前很难空出或是抽调空军；他们还将要求我们在保加利亚和爱琴海与其一同采取联合军事行动，可是我们当前对此无能为力。此外，土耳其会再次要求我们提供各式各样的军需品，可是，我们当前实在无法做到，因为我们年初为其准备的军需物资已作他用。因此，我认为较为明智的做法是，第一步断绝与德国的关系。到时我们方可为其提供一些装备，助其抵抗报复性空袭。既然我们已经联合作战，土耳其就应当参战。第一次大战时，土耳其与德国结盟，这对德国来说弥足珍贵；此时土耳其中断与德国的同盟关系，那对德国人来说就无异于丧钟鸣响。现在正是敲丧钟的好时机。

3. 我只是向您表达我对这些问题的个人看法，艾登也会将我的看法转告给莫洛托夫先生。

4. 我们在诺曼底部署了一百零五万名士兵，不但为其配备大量装备，而且每日为其派遣两万五千名援兵。这是一场艰巨的战斗。在战事发生之前，战事造成的伤亡人数还未计算在内时，我方与美方就已损失六万四千名士兵。然而，证据显示，敌方至少也损失了六万四千名士兵。此外，我们还俘获了五万一千名战俘。鉴于我方处于攻势，又是从海上登陆，我认为敌方已经遭到猛烈的打击。我们将不断扩大战线，战斗也将永不停歇。

5. 亚历山大正在意大利艰苦奋战。他希望能够突破比萨

—里米尼防线，攻入波河流域。这不但可能诱使更多的德国师前来抵抗，还可能使其放弃价值连城的战略要地。

6. 伦敦人民正在抵御导弹的侵袭。截至目前，导弹袭击造成超过两万两千人伤亡，并且袭击似乎会长期进行下去。

7. 再次祝贺你们在维尔纳一战中取得的巨大胜利。

1944 年 7 月 11 日

他在复电中并未发表任何看法。

斯大林元帅致首相：

1. 至于罗马尼亚和希腊问题……有一点我是十分清楚的：美国政府对这个问题仍有一些疑虑。我们收到美方的回复之后再回答这个问题比较好。一旦我们得悉美国方面的看法便向您致电，就这一问题的进一步发展进行商讨。

2. 去年年末，英国政府、苏联政府以及美国政府最后一次与土耳其政府进行谈判的事实已广为人知。所以，我们应当在此基础之上考虑土耳其问题。当然，您应该记得我们三国政府如何坚持向土耳其提议，它应当坚持 1943 年 11 月和 12 月的做法，与盟军一起加入反希特勒德国的战争当中。可最后却毫无结果。您也知道，今年 5 月至 6 月，在土耳其政府的倡议下，我们再次与其政府谈判，也再次向他们提议；提议内容与去年年底三大盟国政府的提议完全相同。同样，最后仍是毫无结果。至于土耳其提出的那些折中办法，我认为，目前对盟国来说毫无益处。土耳其政府对德国的态度不但闪烁其词，而且模糊不定。因此最好不加以干涉，不施加新一轮的压力，令其按自己意愿行事。当然，这还意味着，曾经避免与德国交战的土耳其对获取战后特殊权利的要求失效……

1944 年 7 月 15 日

因此，我们无法就巴尔干半岛的责任划分问题达成一致。8 月初，苏联从意大利派遣一个代表团前往希腊北部，与人民民族解放军进行磋商。由于美方官员不情愿，直到两个月后，我在莫斯科见到斯大林才开始继续与他们商讨，最终达成谅解。那个时候，东线已经发生了翻天覆地的变化。

*   *   *

苏联在整个夏季的攻势简直所向披靡。但是，我在这里只能简述一二。

苏联夏季攻势以抵抗芬兰的附属性进攻拉开序幕。芬兰人已经加固了横亘在拉多加湖和波罗的海之间的曼纳海姆防线，建立了一个难以攻克的防御系统。然而，目前苏军的素质和装备已与 1940 年在这里奋战过的苏军大不相同。经过十二天的浴血奋战，他们终于突破防线，于 6 月 21 日攻陷维堡。在同一天，他们开始清除拉多加湖北岸的军事行动；在月底，苏军已经将敌军赶回国内，恢复了从列宁格勒至摩尔曼斯克——我们北极护航队的终点站的铁路交通。芬兰人在德军的支持下抵抗了一段时间，最终无力抵抗，于 8 月 25 日请求休战。

6 月 23 日，苏联开始对维切布斯克与戈梅利之间的德军防线展开进攻。维切布斯克与戈梅利，连同博布鲁伊斯克、莫吉廖夫，以及其他许多城镇和村庄，都已变成坚固阵地，可谓是全方位防御。当苏军涌入这些据点时，这些阵地一个接一个地被包围肃清。不到一周的时间，苏军就已向前推进八十英里。他们于 7 月 6 日攻陷了明斯克，将撤退的敌军围困在一条仓促组成的防线上——从维尔纳向南延伸至普里皮亚特沼泽地区，而且德军很快被汹涌而来势不可挡的苏军扫荡。7 月底，苏军已经抵达横穿科夫诺和格罗德诺的涅曼河。苏军用五周的时间向前推进了二百五十英里，现在他们在此地做暂时休整。德国方面损失惨重，二十五个师被歼灭，二十五个师被围困在库尔兰德。7 月 17 日，已有五万七千名德国战俘经过莫斯科——谁知道他们被押往何处？

在普里皮亚特沼泽地区南部，苏军也取得毫不逊色的战果。7月13日，他们在科韦耳和斯坦尼斯拉夫之间的战线上发起一系列进攻。苏军用十天的时间突破了德军的全部防线，向西挺进一百二十英里，最终抵达位于桑河畔的雅罗斯瓦夫。由于苏军进攻凶猛，斯坦尼斯拉夫、伦贝格和普热米什尔纷纷遭受封锁，不久被攻克；7月30日，苏军乘胜追击，横渡施奈特米尔以南的维斯瓦河。由于当时苏军需要补给，便暂停前进。在华沙进行的波兰抵抗运动，将横渡维斯瓦河看作是注定倒霉的起义信号。关于这一起义，在另一章有所记载。

在这场声势浩大的攻势中，苏军还取得了影响更为深远的胜利。他们在罗马尼亚取得了胜利，到了8月，又向从切尔诺夫策到黑海的德军防线进军。这一防线封锁了通往罗马尼亚、普洛耶什蒂油田，以及巴尔干半岛各国的道路。德军为维持远在北部的、即将被攻陷的防线抽调了一部分军队，因而其防线遭到削弱；8月22日，苏军开始对其展开猛烈攻击，防线迅速瓦解。苏军在海上登陆部队的支援下迅速打垮了敌军。德国丧失十六个师。8月23日，年轻的米歇尔国王及其心腹在布加勒斯特发动政变，导致整个军事形势发生根本性的变化。罗马尼亚军队全都追随国王的脚步。在苏军抵达之前的三天内，有的德军被解除武装，有的越过北部边境撤退。9月1日，德军全部撤离布加勒斯特。罗马尼亚军队瓦解崩溃，整个国家被占领。罗马尼亚政府停止反抗，有条件投降。保加利亚在最后时刻还试图对德宣战，但最后被击败。苏军向西挺进，直驱多瑙河流域，穿过特兰西瓦尼亚和阿尔卑斯山，抵达匈牙利边境；多瑙河南部的苏军左翼在南斯拉夫边境陈兵，为大军西进做准备，并在适当的时机朝维也纳挺进。

第六章

SIX

意大利与里维埃拉登陆

"铁砧"作战计划付出的代价——哥特防线——第五集团军减少七个师的兵力——向阿尔诺河进军——巴尔干战略和伊斯特里亚半岛——铁托和彼得国王——在伊斯特里亚成立盟军军事政府——在法国里维埃拉登陆——"龙骑兵"作战计划大纲——对"铁砧—龙骑兵"作战计划进行总结——维也纳的希望

罗马于6月4日被攻克。由于不断遭受空袭和地面部队的追击，凯塞林的残余兵力溃不成军，纷纷向北部撤退。克拉克将军率领的美国第五集团军沿海岸公路向比萨进军，而我方第八集团军横穿台伯河追击，向特拉西梅诺湖挺进。双方进军都十分迅速。

首相致亚历山大将军：
　　我们在这里搜集的每一份情报，都证实了您之前对驻意大利德军摧毁程度的预估。在整个进军过程中，你们所向披靡，战绩辉煌。但我还希望能将德军残余兵力清理干净。
1944年6月9日

亚历山大十分希望将在法国南部登陆的"铁砧"计划搁置一旁，同时完好无损地保有在战争中训练有素的军队——目前已凯旋。若是这样的话，他就有信心在几个月内突破亚平宁山脉，进入波河流域，行军至更远的地方。可是，亚历山大却未能实现目标，最终功亏一篑。同我即将陈述的一样，若不是因"铁砧"计划的用兵需求而抽调兵力的话，他一定能在圣诞节前结束意大利战役。

不管怎样，我们都要继续艰苦奋战。5月和6月初，已有十九个德国师参战，其中三个已被消灭；其他大多数因遭受沉重打击而慌乱地向北逃窜。但凯塞林是一位有勇有谋的良将，他的下属也都十分能干。他面临的问题是，在重整军队、占据下一个要塞之前（这一要塞被称为哥特防线，即自比萨之上的西海岸起，蜿蜒于佛罗伦萨北部的山脉之间，直抵亚得里亚海滨的佩扎罗）如何阻止我们进军。德军修筑这条防线已长达一年之久，但至今尚未完工。因此，凯塞林不得不争分夺秒，以尽快完工并在此布防。另外，他还打算安顿分别从北欧、巴尔干、德国以及苏联调集来的八个师。

我们追击十天之后，德军的反抗也越来越顽强。所以，第八集团军必须艰苦奋战才能攻克特拉西梅诺湖的坚固要塞。直到6月28日，敌人才被驱逐出去，并向阿雷佐撤退。在西海岸，美国第五集团军于7月1日不费吹灰之力攻克了切奇纳；在其右翼，由克拉克将军率领的法国军队随后抵达了锡耶纳。于是，敌人在亚得里亚海岸撤退。波兰军队则得以迅速占领佩斯卡拉，进而向安科纳挺进。此时，从科西嘉岛转运来的一个法国殖民地师，得到海军和空军的强力支援，经过几天的浴血奋战，最终攻下厄尔巴岛，还俘获两千名战俘。

7月初，我们与美国协商之后决定向亚历山大下达指令，即派遣七个师参与"铁砧"作战行动。所以，仅第五集团军的兵力就从二十五万减至十五万三千。尽管遭受这样的打击，亚历山大仍以饱满的热情坚持作战。经过整编和重建，目前德军兵力已达十四个师，正从罗西尼亚诺向阿雷佐挺进，之后将从阿雷佐行至安科纳以南的亚得里亚海滨的那条战线上，进而与亚历山大展开对抗。这只是他们众多掩护阵地中的一个。敌军越发坚守阵地，阻止盟军向哥特防线挺进。阿雷佐因遭受空军和火炮的猛烈轰炸而于7月16日落入英军之手。美军于7月18日抵达比萨东部的阿尔诺河，并于次日抵达来亨港；而波兰军队沿亚得里亚海岸步步紧逼，最终攻克了安科纳。尽管这两个港口都遭到严重破坏，但还是缓解了我们当前这个已延长了许多的战线的交通运输压力。本月的最后一周，美军继续向前挺进，占据了从安波利

到比萨的整条阿尔诺防线。第八集团军清除了佛罗伦萨南部整个山区的残余兵力，突破防线，迫使敌军纷纷逃窜；第八集团军向前挺进时，将所有桥梁破坏殆尽，只留下一座令人敬畏但不中用的韦基奥古桥。

不到两个月的时间，盟军就已向前挺进了二百五十多英里。他们在前两周进军顺利，但是之后却陷入苦战。此外，他们还遇到许多令人烦恼的物资供应问题。德军也不例外。他们后方所有通讯运输都需经过架在宽阔的波河之上的二十座公路和铁路桥。7 月底，这些公路和铁路桥不断遭到盟国空军的轰炸。尽管每一座桥梁都被炸断，但由于凯塞林的工兵们具备高超的修复技能，敌军还是能运送一些补给。

* * *

现在，我决定亲自前往意大利。毕竟比起通信来往，亲临现场能够更好地解决许多问题。再说，我们从那里抽调大量兵力之后还提出了颇多要求，前去与官兵会面将对我们十分有利。"铁砧"作战行动即将开始。尽管亚历山大的军队遭到严重削弱，但他目前仍在为进一步进攻做准备。我非常想与铁托见上一面，他从维斯岛前往意大利也比较方便。帕潘德里欧先生和他的一些同事可以从开罗启程，在敌军离开之时，我们方可制订计划，助其返回雅典。最后是意大利的政治混乱，其中罗马是核心问题。7 月 30 日，我向在卡塞塔的威尔逊将军致电：

> 首相致威尔逊将军：
>
> 如果这里的轰炸机不会在不恰当的时机突然展开轰炸，那么我希望能于 8 月 6 日或是 7 日启程前往意大利，在那里待上十天或是两周。如果未能与铁托会面，我将感到十分遗憾，因为我已做好与他商讨各种政治事件的准备。所以，您能先同他会面吗？这样的话，他便能于 8 月 8 日或 9 日前往卡塞塔。
>
> 1944 年 7 月 30 日

于是，8月4日，我向亚历山大致电：

首相致亚历山大将军：

　　我认为，我抵达之后我们再一起制订计划（关于我的访问计划）比较好。但是注意，不要让我妨碍了您的工作。我不希望日程安排得太满，而且除了您、威尔逊和铁托之外，我不希望再与其他人会面。我相信，我抵达之后一定会有很多事情要做。

1944年8月4日

＊　　＊　　＊

　　由于内阁事务繁忙，我不得不将访问时间向后延迟。8月9日，我向达夫·库珀先生致电，告知他我希望于8月11日（周五）早上六点三十分抵达阿尔及尔市郊的梅森布兰奇机场，并打算在前往那不勒斯之前在那里停留三个小时。我还写道："您可以将这一消息转告给戴高乐，说不定他想在您那里或是海军上将的别墅与我见上一面。这是一次非正式会面。"

　　我们准时抵达。达夫·库珀前来迎接，将我带往他的住处。房间由他的妻子打理，十分舒适。达夫·库珀告诉我说，他已将我的邀请或是建议转告给了戴高乐，但是戴高乐将军拒绝了。他不想在我中途短暂休息间隙打扰我。但是，考虑到我们手头要处理的事情以及我本打算与他商讨的事宜，我认为实在没有必要摆出傲慢姿态。然而，戴高乐对"霸王"作战行动已发生的战事仍感到愤怒。他认为，这是表达不满的好时机。事实上，我有几个月的时间没再见到他。

　　我于当天下午抵达那不勒斯，在庄严堂皇却有些破旧的里瓦耳塔别墅安顿下来，在这里还可望见维苏威火山及海湾的美丽风光。威尔逊将军告诉我，明天上午与铁托和苏巴希奇（驻伦敦的南斯拉夫彼得国王政府的新首相）的会晤一事已全部安排妥当。他们已抵达那不勒

斯，将于明晚与我们共进晚餐。

8月12日早晨，铁托元帅前来与我会面。他穿着一件华丽的金蓝色制服，但制服看上去十分紧身，与酷热的天气极不相称。这件制服是苏联人送给他的，之后有人告诉我说，金色蕾丝是美国人送给他的。我在别墅的阳台上同他会面，与他同行的还有麦克莱恩准将和一名翻译。

我建议先让元帅参观威尔逊将军的作战室。于是，我们进入了室内。陪同元帅的是两个看起来残暴凶狠的护卫，而且每一个都随身携带自动手枪。元帅将他们带在身旁是以防我方耍阴谋诡计。我们好不容易劝阻他别这样做，可他又提议在共进晚餐时带上两名护卫。

我带他们走进一个大房间，房间的墙上挂满了前沿阵地的地图。我开始向他们展示在诺曼底的盟军战线，还简述了我们为抵抗德军将在西部采取的宏大战略行动。我指出，希特勒十分顽固，拒绝让出每一寸土地，而且还指出德军已有多少个师的兵力被封锁在挪威和波罗的海沿海地区；我还说道，希特勒应采取的正确战略是从巴尔干撤军，将兵力集中于主要前沿阵地作战。盟军对意大利施加压力，加上苏军又从东部进军，都将迫使德军撤退。但我们还必须考虑到德军坚守的可能性。我一边讲解，一边指向伊斯特里亚半岛的地图，同时还向铁托问道，如果我们能从意大利东海岸进抵伊斯特里亚半岛，那么从何处运送他的兵力，以同我们一道作战？我继续说道，如果能在南斯拉夫海岸开放一个小型港口供我们在战时海运军需物资，那对我们来说将十分有利。在6月和7月，我们已向铁托空运了大约两千吨物资；但如果有开放港口，我们就能运送更多。铁托说道，尽管最近德军反抗日益顽固，南斯拉夫的损失也日益增多，但他还是能在克罗地亚和斯洛文尼亚招募大批军队，也一定有能力支持抵抗伊斯特里亚半岛的作战行动，到时南斯拉夫军队也将一起加入，共同作战。

我们走进一间小客厅。于是，我开始询问他同南斯拉夫王室政府的关系。他回答说，游击队与德国和保加利亚支持下的米哈伊洛维奇军之间的激烈战斗仍在继续。双方和解几乎是不可能的。我回应道，

我们并不想干预南斯拉夫的内政，只希望这个国家富强、团结、独立。况且，我们不应让国王垮台。苏巴希奇博士对此也十分认同。铁托说道，他理解我们应对彼得国王履行的职责，但他们战后才能顾及此事。到时，南斯拉夫人民自己就能当家做主了。

于是，我将话题转到了南斯拉夫未来发展的前途上来，还针对解决南斯拉夫问题提出建议，即解决问题的正确做法是建立一个以农民为基础的民主制度，或许可以逐步进行土地改革，因为原先农民的土地所有权限太小。铁托向我保证说，与他公开声明的一样，战后的大多数欧洲国家都可能会实行民主政治。小国的发展情况取决于大国之间的关系如何。若是大国之间的关系逐步得到改善，南斯拉夫不但能够从中受益，还能按照民主路线不断发展。苏联还派遣了一个代表团到游击队，但是代表团成员不但未发表任何将苏维埃制度引进南斯拉夫的意见和看法，反而提出反对这一做法的意见。

我问铁托是否愿意公开重申曾做出的声明，但他并不同意这样做。因为若是重申，他看起来就像是被迫的一样。但是，他同意与苏巴希奇博士共同商讨解决方案。那天下午他还是第一次与苏巴希奇博士会面。

之后，我们共进午餐，还共同决定，如果我们与苏巴希奇博士的会谈进展顺利，就于明晚再次会面。我还就南斯拉夫问题起草了一份备忘录。元帅向我保证，他会写信给我，就某些物资供应问题进行商讨。

*　　　*　　　*

次日清晨，铁托与威尔逊将军的参谋长甘默尔将军会面，并收到一份重要的关于盟军在伊斯特里亚及其附近作战计划的备忘录，其内容如下：

　　1. 假若盟军占领意大利北部、奥地利，或是匈牙利，盟

军总司令就打算在战争爆发时在这一原来由意大利控制的地区，设立盟军军事政府。如此一来，就可自动取消意大利在这一地区行使的主权。军事政府长官将变成总司令，负责指挥这一地区的盟军。此外，这一地区仍由盟军政府直接管辖，直到相关政府通过谈判决定如何解决为止。

2. 为守卫盟国占领军在中欧的基地和交通线，这些基地和交通线仍由盟国军政府进行直接管辖。

3. 由于盟国占领军必须从的里雅斯特港获取补给，对他们来说，有一条安全的交通线是十分必要的；这条交通线受英军保护，贯穿于卢布尔雅那—马里博尔—格拉茨。

4. 盟军最高总司令希望南斯拉夫当局能够与他合作，共同执行这一政策，他还打算与南斯拉夫当局保持极其密切的联系。

铁托曾在写给我的信件中抱怨过这些提议。当我们于 8 月 13 日下午再次会面时，我方驻南斯拉夫大使史蒂文森先生和苏巴希奇博士都在场。我说道，这是一个关于军事行动的问题，需要仔细研究，还应与美国总统进行密切磋商。伊斯特里亚仍属意大利，对于它的情况，我们不能进行预先判断；使其脱离意大利主权倒是件好事，但必须在和平会议上决定；若无和平会议，则在由大国出席的会议上解决，而且南斯拉夫可在会议上坚持自己的要求。美国政府反对在战时改变领土主权。我们不应使意大利受挫，因为他们目前正在战争中发挥着有益的作用。因此，最佳的解决办法是由盟国军事政府管辖从德国解放的领土。

铁托说他无法接受意大利的民政部门，他还指出，他领导的民族解放运动已经控制这一区域的许多地方，所以至少应由他们进行管理。铁托和苏巴希奇一致同意向我们发送一份关于伊斯特里亚的联合备忘录。上述问题暂时搁置下来。

之后我们商讨了如何建立一支南斯拉夫联合海军，以及如何向其

运送轻型坦克、炮舰和大炮的问题。我说我们将竭尽全力，但是我警告他，如果南斯拉夫战斗演变成一场内战，而抵抗德军的战斗变成一个无关紧要的问题时，那么我们就不再对上述问题有任何兴趣。

我在 8 月 12 日递交给铁托的备忘录中提到了这一点。现在我们认为这份文件具有更广泛的含义，其内容如下：

首相致铁托元帅：

1. 英王陛下政府希望看到一个统一的南斯拉夫政府，而且这个政府能够代表所有英勇抵抗敌军的南斯拉夫人民。同时还希望看到塞尔维亚人民和民族解放运动达成和解。

2. 既然南斯拉夫王室政府与民族解放运动达成一致协议，如若可能，英王陛下政府打算继续增加对南斯拉夫军需物资的供应。英王陛下政府还希望铁托元帅能够为南斯拉夫统一做出积极贡献。他已与南斯拉夫首相达成一致、即将在发布的宣言中声明，一方面，他绝不使用武力强制；另一方面，他绝不使用民族解放运动的力量，来左右人民对未来国家政体的自由选择。

3. 铁托元帅能为共同事业做出的另一个贡献，是答应与彼得国王会面，而且会面地点最好在南斯拉夫。

4. 如果由英王政府提供的大量军需物资被用于同族相残，而非自我防御，那么将影响盟军提供军需物资的整个问题。因为我们并不想卷入南斯拉夫的政治分歧当中。

5. 我们希望看到南斯拉夫王国的海空军共同为民族解放而奋斗。但是，除非首先给予国王、宪法，以及政府与民族解放运动更紧密团结的必要考虑，否则无法就上述说法达成一致。

6. 英王政府十分钦佩铁托元帅和他率领的英勇作战的士兵。但是英王政府认为，他们并未对塞尔维亚人民拥有的权力给予充分认可，也未对英王政府为之提供的援助——将来

还会继续提供援助——表示承情。

1944 年 8 月 12 日

我曾建议将游击队运动与塞尔维亚人民分离开来。可是，南斯拉夫人民表示反对。我并未将这一建议强加于他们。随后，我们商讨了铁托与彼得国王会面的可能性。我说道，民主制度在英国已经以君主立宪的形式焕发光彩，我认为君主制下的南斯拉夫将比共和制下的南斯拉夫的国际地位更高。铁托说道，他的祖国在国王的统治之下曾一度遭遇不幸。况且，彼得国王与米哈伊洛维奇断绝往来也需要时间。原则上，铁托不反对与国王见上一面。但是他认为时机尚未到来。因此，我们达成一致，将这一问题留给他和苏巴希奇博士，让他们在最合适的时机做出决定。

*　　*　　*

随后，我宴请铁托。他仍穿着那件金色蕾丝边的束身短款上衣，我却十分乐意地穿一套帆布便衣。

现在，我将这些会谈结果汇报给总统。

首相致罗斯福总统：

1. 前两天，我分别与铁托元帅和南斯拉夫首相会面。我告诉这两位领导人，我们只想将南斯拉夫的人力物力联合起来，凝聚南斯拉夫人民的力量，对抗德国的进攻。我们的目标是建立一个稳定独立的南斯拉夫。而建立一个统一的南斯拉夫政府则离这一目标又近了一步。

2. 铁托元帅和南斯拉夫首相就一系列实际问题达成一致，双方都感到十分满意。他们还认为所有南斯拉夫海军现在应凝聚在同一面旗帜之下，共同抵抗敌人的进攻。这项协议令我们信心大增。我们将不断增加对南斯拉夫军军需物资的供应。

3. 他们还一致同意，在几天之内同时发布一项声明，我希望这项声明能够加强南斯拉夫方面的战斗力。此外，他们还打算今天一起去维斯岛，继续进行商谈。

4. 我准备将会谈结果转告给斯大林元帅。

1944 年 8 月 14 日

*　　*　　*

我在那不勒斯逗留了三天时间。在这期间，辛苦与愉悦并存。海军指挥官莫尔斯海军上将每天都邀请我乘其驳船出游，而出游的主要任务是沐浴。首先，我们去了有温泉的伊斯基亚岛，返回时，我们经过一个运载着美军的巨型护航队，他们向里维埃拉驶去，准备在那儿登陆。舰船上载满了士兵。我们经过护航队时，他们还热情地朝我们欢呼。可他们却不知道，如果按照我当时的意见行事，他们将向不同的方向远航。然而，我十分自豪地朝这些英勇的士兵挥手致意。我们还访问了卡普里岛。我之前从未见过蓝洞，它简直就是一个奇迹般的存在，在晶莹透亮、波光粼粼的海水映照下透出深蓝色的光彩。我们在一个小小的温暖的海湾里沐浴，而后在一个舒适宜人的宾馆里享用午餐。我尽力唤起与罗马皇帝台比留有关的所有历史。例如，他在卡普里选择了一个合适的地方作为总指挥部，统治整个世界。

工作日除外，这些天一直阳光明媚，可以说是一个令人心旷神怡的假期。

*　　*　　*

为了静观"铁砧"计划，我曾经强烈反对的登陆情况，现在却希望其进展一切顺利。我于 8 月 14 日下午乘威尔逊将军的"达科塔"号飞机抵达科西嘉岛。我们乘飞机顺利抵达阿雅克肖，而威尔逊将军和

海军上将约翰·坎宁安已经在阿雅克肖港口的一艘英军指挥舰上执行任务。机场太小，飞机不易靠近，但飞行员十分出色。他从两个悬崖之间飞过，而机翼距离两边的悬崖不过十五英尺。将军和上将把我带上船，我们就战事深夜长谈。我打算于次日白天乘英国驱逐舰"金伯利"号出发。我带着两位美国政府官员，即萨默维尔将军和陆军部助理部长帕特森先生，他们将随我一同前往。他们将在现场亲眼见证我们所从事的冒险事业。元帅派艾伦海军上校（我已经在文中对他提供的帮助致谢）前往此处，确保我们免遭麻烦。我们行驶五个小时后，才抵达一万五千英尺之外的正在炮击的战列舰。可我现在才从艾伦海军上校那里得知：为防止遭遇水雷，我们的行驶范围是在一万码之内。若是我事先知情，当我们经过进行间歇性炮击的"拉米伊"号战列舰时，我一定会提出要求——让一艘巡逻艇送我上岸。因此，我们行驶到七千码的地方便不敢再继续前进了。我们在那里看到一长列又一长列满载美国突击部队的舰船不断驶入圣特罗佩海湾。据我所见所闻，敌人无论是对逐渐迫近的小型舰队还是对海滩都未发一弹。战列舰目前已经停止炮击，因为那里似乎并没有人。于是，我们返往阿雅克肖。最起码，我对"铁砧"作战行动表示了应有的礼节。我相信到现场附近巡视一番以示关心是一件好事情。在返回途中，我在机舱内找到一本有趣的小说——《大旅馆》，一路看得津津有味，直到回到海、陆军总司令那里才作罢。他们两个坐在舰尾舱度过了同样无聊的一天。

我于 8 月 16 日返回那不勒斯，并在那里逗留了一晚。次日，我起身赶往前线与亚历山大会面。国王之前给我发来一封电报，致以亲切的问候。我也回电致意：

首相致国王：

据我远距离对"龙骑兵"计划的观察，登陆行动似乎非常顺利。我们现在面临的问题包括，先向马赛推进后再向罗纳河流域挺进需要多长时间，以及这些行动如何与在北部（诺曼底）正在进行的规模更大、可能具有决定性作用的作

战行动联系起来。

　　我将于今日前往亚历山大将军总部。非常关键的是，我们需要保证亚历山大率领的军队不会遭受猛烈袭击和压榨，以致无法按照原定计划行事。这肯定需要召开一次如"四分仪"一般规模的会议，而且是在相同的地点（魁北克）。

　　随着战况的变化和天气的回暖，我的精力也大大地恢复。我希望能在罗马见到各种人物，其中包括潘德里欧先生。我预计于 21 日抵达罗马。

　　陛下您之前的来电令我感到十分亲切，也给予我极大的鼓舞和安慰，在此向您表示谢意。

1944 年 8 月 17 日

向艾森豪威尔致电，内容如下：

首相致艾森豪威尔将军（法国）：

　　我怀着既兴奋又紧张的心情，关注着正在诺曼底和昂儒开展的气势恢宏的作战行动。我再次向您所取得的辉煌战果表示诚挚的祝贺，同时还希望你们能够再创辉煌。除去别的不说，您已经成功完成一次至关重要的钳制行动，令敌方无法顾及"龙骑兵"计划。我昨日远远地观望着这一登陆行动。我在这里的所见所闻——精准严密的登陆行动计划和英美部队与组织机构的亲密合作——令我感到钦佩。希望在月底之前能与您和蒙哥马利会面。到时候，一切又会发生很大变化。在我看来，我们取得的战果会令苏联方面迄今为止取得的一切胜利黯然失色。向您和比德尔致意。

1944 年 8 月 18 日

＊　　　＊　　　＊

这一章可以"铁砧—龙骑兵"作战行动纲要结尾。

为执行这一进攻任务，帕奇将军所指挥的第七集团军被整编成军。第七集团军包括七个法国师和三个美国师，以及一个由英美混合组成的空降师。其中由三个美国师组成特拉斯科特将军的第六军，而第六军在意大利曾是克拉克将军率领的第五集团军的重要组成部分。此外，还从亚历山大的军队里抽调出四个法国师和一大批盟军。

　　这次新的远征从意大利和北非两地开始，将那不勒斯、塔兰托、布林迪西、奥兰作为主要装运港。我们花费一整年的时间做准备，即将科西嘉岛改建为一个先进的空军基地，将阿雅克肖作为转运港，以便登陆艇从意大利展开进攻。目前上述安排都已奏效。在总司令海军上将约翰·坎宁安爵士的指挥下，曾在地中海类似作战行动中积累了大量经验的美国海军中将休伊特负责海军作战行动；美国空军部队中将埃克负责指挥空军作战，由空军中将斯莱塞担任其副手。

　　登陆艇将第一批海上登陆部队的规模限制在三个师的范围内，由较有经验的美军作先锋部队。海岸防御坚固，但敌方士兵较少，而且抵抗能力较差。6月，在法国南部已有十四个德国师，但是其中四个师被调集至诺曼底作战。最后只剩下十个师防卫两百英里长的海岸线。而且只有三个师在我们登陆的海滩附近防守。德国的飞机也不够用。我方在地中海共有五千架飞机，其中两千架驻扎在科西嘉岛和撒丁岛。敌方仅能调集两百架飞机，而且这些飞机在我们展开进攻之前就遭到猛烈攻击。在法国南部的德军中，有两万五千多名武装士兵已经整装待发，准备反抗。我们曾向他们以及法国的许多其他地方输送武器，这些武装士兵由一群具有奉献精神的男男女女组成。为进行反抗，他们在过去的三年里在英国接受过专门的训练。

　　敌方防线坚固，我们需要在进攻之前立即对登陆滩头展开猛烈轰炸。空军连同盟国海军一起沿整条海岸展开长达两周的轰炸，不少于六艘战列舰，二十一艘巡洋舰，以及一百艘驱逐舰参与攻击。三个美国师及其左翼的美法突击队于8月15日清晨在戛纳和耶尔的中间地带登陆。多亏我方事先展开轰炸，制订成功迷惑敌方的计划，加上连续不断的轰炸机的掩护和出色的参谋辅助，我方伤亡人员相对较少。在我们开始正式进攻的前一晚，空降师在勒穆伊降落，很快与海军联手，协同作战。

16日正午，三个美国师登陆上岸。其中一个师向西北方向的锡斯特龙挺进，另外两个师向西北方向的阿维尼翁进军。法国第二集团军紧随其后展开登陆行动，向土伦和马赛挺进。土伦和马赛的防御工事极其坚固。尽管法军拥有五个师的兵力，这两个港口直到月底才被完全攻陷。港口设施遭受严重破坏。但由于得到抵抗组织的支援，布克港在被攻克时仍保存完好，军需物资很快开始顺利流通。这是由拉特尔·德·塔西尼将军率领的法军做出的一个十分有价值的贡献。同时，美军也进展迅速。他们已于8月28日穿过瓦朗斯和格勒诺布尔。只有一个德国装甲师在蒙特利马尔拼死抵抗。盟国战术空军正向他们展开猛烈袭击，破坏他们的交通。由艾森豪威尔率领的从诺曼底追击而来的部队，于8月20日在枫丹白露进抵塞纳河之后，从盟国战术空军后方切入。五天之后，他们已远远越过特鲁瓦。毫无疑问，德军第十九集团军的残余兵力，名义上相当于五个师，正在全面撤退。最后，我方俘获五万名俘虏。9月3日，里昂被攻陷；8日，贝桑松被攻陷；迪戎于11日由抵抗运动组织解放。11日，“龙骑兵”和“霸王”作战行动在松贝尔农会师。被孤立的德国第一集团军两万多名残余兵力因受到我方猛烈袭击而被困于法国西南部的三角地带，现在他们只能乖乖投降。

*　　*　　*

至于“铁砧—龙骑兵”作战计划，简言之，最初于1943年11月在德黑兰会议上提出的建议是，对法国南部进行攻击，以减轻“霸王”作战行动的压力（诺曼底登陆）。攻击时间可定于发起进攻之日的前一周，或后一周。可是，这一切都因在这段时间内发生的事情而改变。我方在地中海对敌方构成的潜在威胁足以将十个德国师牵制在里维埃拉。仅是安齐奥一地就意味着，四个德国师已经在其他战线牺

牲。在安齐奥的支援下，整条战线不断向前推进。我们攻占了罗马，对哥特防线造成严重威胁。因此，德军急忙调集八个师支援意大利。不仅攻陷罗马的计划向后延迟，还需从地中海调集登陆艇援助"霸王"作战行动。因此，"铁砧—龙骑兵"作战计划不得不延迟到 8 月中旬，或推迟到原计划的两个月之后执行。但这并未影响"霸王"计划的执行。由于"铁砧—龙骑兵"作战计划延后，因此并未牵制诺曼底战场的敌军。我们原来在德黑兰设想的种种理由，没有一个与我们目前的行动相关。此外，"龙骑兵"作战计划并未牵制艾森豪威尔的敌对兵力。事实上，"龙骑兵"计划并未对艾森豪威尔产生任何帮助，反而是艾森豪威尔通过威胁向罗纳河流域撤退的后方德军，间接帮助了"龙骑兵"计划的执行。但并不否认，最终执行的作战行动也给了艾森豪威尔重大的帮助，因向他的右翼增援了一支军队，并在那里开通了一条交通运输线。我们为这种做法付出了极大的代价。意大利军队被剥夺了向德军发起猛烈一击、比苏军提前抵达维也纳的大好时机，以及其他可能随之而来的一切。但是一旦决定执行"龙骑兵"计划，我就会全力支持，尽管我曾尽力阻止或是想改变这一计划。

* * *

这时，我收到史末资发来的几条信息，内容意味深长。现在他已返回好望角。之前，他总是全力赞成我对"龙骑兵"计划的看法。"但是，"现在他却写道（8 月 30 日），"请不要让战略问题耗费您所有的精力，否则您无法注意到正日益迫近的、更为重大的问题将造成的损害。"

从现在开始，密切关注与欧洲未来命运相关的所有事件是明智之举。这是一个极为关键的问题，世世代代赖以生存的世界与此密切相关。因此，解决这一问题之时，您的眼光、经验，以及自身所具备的影响力都将十分关键。

战后数年间，我一直遭受指责。因为德黑兰会议后，尤其是在回顾本章的数周时间内，我一直催促对巴尔干各国发动大规模进攻，以与美国的全体战略思维方式相抗衡。从下文我对史末资来电的回复中，可看出我时常重复表达观点的精髓所在。

　　　首相致史末资元帅：

　　　　"龙骑兵"作战计划在当地进展顺利，并取得胜利。这使美国感到十分高兴。美军打算利用这条线路输送增援部队。美军已经俘获四万五千名俘虏，之后还将俘获更多。当前，他们的信念是——任何东西都无法令他们改变——让整个集团军的兵力通过已夺取的港口，而非大西洋岸边容易通过的港口。

　　　　　　　　　　　　　　　　　　1944 年 8 月 31 日

　　"我现在的目标是，"我说道，"保护我们在意大利取得的所有成果。由于敌方从此处抽调四个最精锐的步兵师，我们的驻意部队足以应对。如此一来，我希望能够改变进军方向，突破哥特防线，冲入波河流域，最终穿过的里雅斯特和卢布尔雅那山峡抵达维也纳。我之前已经对亚历山大说过，即使战争会早些结束，也要做好使用装甲车向目的地猛冲的准备。"

第七章

SEVEN

罗马：希腊问题

亚历山大准备向哥特防线进攻——在锡耶纳逗留两日——第十五集团军兵力不断遭到削弱——拜访马克·克拉克将军——回忆过往，令人感伤——为解放希腊做准备——与帕潘德里欧先生会面——希腊君主制的未来——与意大利的一些政客会面——觐见教皇庇护十二世——王国副帅翁伯托亲王

8月初，亚历山大计划向哥特防线展开进攻，于是重新整编兵力已经枯竭的军队。他已经与哥特防线的前哨阵地有过密切接触。该防线主要防御工事选址精妙，充分利用了这一地区的天然屏障，稳稳地挡住了可能从南部进抵此处的所有通道。而那些几乎无法抵达的地方驻防力量相对薄弱，自然令敌人蠢蠢欲动。

穿过从佛罗伦萨至波伦亚的山脉直接展开进攻是相当困难的。于是，亚历山大决定，第八集团军应先对亚得里亚海的一侧展开进攻，尽管那里连绵不断的河谷对我方进攻造成困难；凯塞林的东翼易于包抄，他也无法承担位于其主要战线后方的波伦亚被攻陷的后果。可以肯定的是，如果我方进攻顺利，他就必须从正面战场抽调兵力增援东翼。所以，亚历山大计划在敌方后备力量投入作战及正面战场兵力削弱之后，再由马克·克拉克率领的第五集团军向波伦亚和伊莫拉展开进攻。

在8月的第三个星期，预备军和空军的调动任务在极其秘密的情况下出色完成。所以，位于佛罗伦萨东部的英国第十三军由第五集团军负责指挥，而第八集团军的两个完整的团被调往东部，并在波兰部队左翼靠近佩尔果拉的地方聚集。当完成这一调动任务的时候，亚历山大也为战斗准备好了相当于二十三个师的兵力，其中大半与第八集

团军一起作战。凯塞林拥有二十六个已整编好的德国师以及两个重组的意大利师，与亚历山大相抗衡。凯瑟林将其中十九个师用于防守主要阵地。

*　　*　　*

史末资完全明白成败的关键，从下述电报中可见一斑：

史末资元帅致首相：

　　1. 深知您公务繁忙，我便不敢给您多写信，以免过度打扰。我自己也正全身心地处理当地难以解决的问题。听到您再次来到意大利、密切关注我方战线重要战区战况的消息，我感到十分高兴。希望您的此次来访能愉快、顺利，祝愿您有健康的体魄、饱满的精神应对您将要处理的艰难任务。

　　2. 我认为，您此行的一个目的是通过了解我们在地中海战场的兵力，增援亚历山大。地中海战场一定仍留存大量后备军，为应对意外事件的发生，而目前这类事件已无关紧要。达成此目的的捷径就是在几个具有决定性的战场上集结兵力，其中亚历山大指挥的战场算是一个。现在土耳其已经被攻陷，保加利亚也自身难保。因此，我们可以暂不理会那些囤积了大量兵力的中东战场，集结一切可以集结的兵力，增援亚历山大的作战行动。那么，他们就可能在巴尔干各国，以及希特勒的欧洲要塞取得十分辉煌的战绩。为了尽可能地在展开进攻之前集结兵力，我将从战场边缘地带抽调兵力。沿着意大利北部、亚得里亚海延伸，经的里雅斯特至维也纳通道的那条战线值得我们为之竭力奋战，也值得那些在此次战争中培养出来的杰出将军在此大显身手。我确信，威尔逊和佩吉特都会赞同，这是我们为完成任务、摘取伟大的地中海战役取得的成熟果实而应采取的正确战略。我能提供的只有空军

支援。我还将从南非联邦的空军培训学校（现在已经停办）空闲出来的大量兵力中抽调部分兵力，将其组建成其他中队。我已经开始调集由南非人组建而成的皇家空军中队，这样一来，就可再为亚历山大的军事行动提供六个中队的兵力。由于我们现在几乎无法征到兵，再加上我方兵力四处分散，我能为步兵做的也只能是保存第六南非师的兵力。此外，只有空军部接受了我之前的提议，我才可能提供额外的空军援助。具体建议已经递交空军部。

目前战争处于决定性阶段，我们竭尽全力向德国三条主要战线发起进攻，而且一定会在今年夏季实现完满的结局。如果这次大规模进攻不断取得胜利，那么达成完满结局也为期不远，尤其是我们现在已经知晓德军内部的情况。

我非常高兴能够收到与"龙骑兵"计划有关的信件，尽管战况令人沮丧。当前局势是，法国南部不再是真正重要的军事战场；对其他战场而言，我们调集的大批兵力和大量资源对他们做出重大决定的效用并不大。我甚至怀疑敌人是否会费心调集兵力增援此地。

1944 年 8 月 12 日

＊　　＊　　＊

8 月 17 日早晨，我乘坐汽车出发，与亚历山大将军会面。这也是亚历山大取得胜利、进入罗马之后，我与他的第一次会面。他驾车带我在旧卡西诺战线巡视，一路向我解说当时是如何战斗的，还展示了当时的主要战场。修道院曾高高耸立，现已经毁坏殆尽。人人都能看出这一宏伟的峭壁和建筑物所具有的战术意义——这些峭壁和建筑物曾阻止我们向前进军长达数周。当我们巡视完毕，午餐时间也到了，他们在宜人的小树林里准备了一个野餐桌，供我们享用午餐。我在那里见到了克拉克将军，以及十几个第十五集团军极其出色的英国指挥官。之后，亚历山大用他的那架我所熟悉的私人飞机，作一短途飞行，载我到锡耶纳。锡耶纳是我在过去和平的岁月中访问过的一个十分美丽又著名的城市。于是，我们一起巡视了在阿尔诺的战线。我们在河的南岸构筑防线，而德军则在河的北岸构筑防线。为了不破坏这里的一切，敌我双方都付出了很大的努力。无论如何，佛罗伦萨具有重大历史意义的桥梁被保存了下来。我们在一间漂亮但遭到破坏的别墅里留宿，这里距离锡耶纳西部仅有几公里。我在这里逗留了几天，大部分时间都在床上工作、阅读和口授电报。当然，在任何一次旅行中，我都会带上私人办公室的核心人员和重要的密码译电员，以便随时接收、回复信息。

亚历山大带着他的主要将领前来共进晚餐，他事无巨细地向我解释了遇到的困难以及将来的打算。第十五集团军的确像是被剥了皮、挨了饿一样。我们不得不放弃曾经无比珍惜的、具有深远影响的计划，同时还要尽力将尽可能多的敌军牵制在我方战线。若是能做到这一点，发起攻势则变得十分必要；但是整编完毕的德军几乎与我方由众多不同部队和种族组成的军队同样强大。据提议，我们应于 26 日清晨沿整条战线发起进攻。我们的右翼将向亚得里亚海进攻，直接目标是里米尼。西部则由亚历山大指挥的美国第五集团军发起进攻。为援助"铁砧"作战行动，美国第五集团军被抽调得支离破碎。尽管如此，他们还是奋勇前进。

我于 8 月 19 日出发拜访在里窝那的马克·克拉克将军。路途十分遥远，每到一处，我们就停下来巡视一番各旅和各师的情况。马克·克拉克在总部接见了我。我们在海边共进午餐。在我们友好的谈话中，我意识到，对于指挥这一优秀军队的将领来说，军队的支离破碎令他们痛心。我还乘一艘鱼雷快艇巡游了一番海港。而后，我们一起前往美国炮兵部队视察。他们刚装备了两门九寸大炮，让我发射第一炮。士兵们列队站开，我猛拉了一下拉火绳，便听到一声巨响，还感受到一股强大的后坐力。之后观察哨所报告，说炮弹击中了目标。我不敢称击中目标是我的功劳。随后，我被邀请前去视察刚刚抵达的巴西旅

——巴西师的先驱，并向他们发表讲话；他们同由美国黑人和美籍日裔组建的部队站在一起，场面极其庄严。

在消遣娱乐的间隙，我一直与马克·克拉克交谈着。马克·克拉克将军似乎在怨恨他率领的军队被剥夺了。他认为错失了一个良机，这一点我也十分赞同。尽管如此，他还是使出浑身解数在英军左翼奋勇前进，令整条战线炮火纷飞。当我返回在锡耶纳的别墅时，夜色已晚，我感到疲惫不堪。而此时，亚历山大却再次来到这里享用晚餐。

当一个人以文字的形式呈现问题，决定或是解释影响行动的重大问题时，精神方面势必会有压力。但是，当您在现场深切感受这些问题时，压力要大得多。这里有一支十分出色的军队，相当于二十五个师的兵力，其中四分之一是美国人；但是这支军队遭到了削弱，最后甚至无法与强大的守军相抗衡，甚至没有起到任何决定性作用。如果当时再多一点兵力——从我们这里抽调一半的兵力——我们就可以冲入波河流域，在通往维也纳的途中收获无数可能的战机，并摘取一切胜利的果实。我们一百万之多的兵力在任何统筹战略构想中仅能起到一个次要的作用。在这次艰难的进攻中，这一百万兵力将不惜一切代价，冒着一切危险将敌人牵制在他们的战场上。至少，他们可以尽职尽责。亚历山大一直保有他军人的英勇气概，而我却在每每入睡时都伴着悲伤的情绪。在这些重大事件中，即使自己主张的办法无法得到别人的认可，也不能逃避承担对略逊一筹的方案的责任。

*　　*　　*

由于亚历山大 26 日才能发起进攻，我便于 21 日清晨飞往罗马。在那里等着我的不仅有另一系列的难题，还有一批自命不凡的新人物。布鲁克和皮特·波特尔都已抵达。沃尔特·莫因（不久后遭到暗杀）从开罗赶来，利珀先生也已抵达现场①。与大多数场合的情况一样，

---

① 这四个人分别是：帝国总参谋长、空军参谋长、英国驻埃及大使和驻希腊大使。

这次的问题不是我们应当做些什么——假若是这样也未免太过简单——而是不仅要在国内还要在盟国之间就何事达成一致的问题。

首先，我必须解决逐渐逼近的希腊危机。这也是我到访意大利的一个主要原因。7月7日，希腊国王从开罗向我致电：他请求我再次宣布支持帕潘德里欧政府，因为除了极端分子，政府代表的是大多数希腊民众，它也是能够制止内战发生、团结全国人民抵抗德军的唯一机构。此外，他还要求我们谴责希腊人民解放军，并撤回我们向其援助的抵抗希特勒的军事代表团。英国政府答应支持帕潘德里欧政府，但是我于7月15日与伍德豪斯上校（希腊军事代表团的一位英国军官）长谈之后，同意暂时让军事代表团留在希腊。他认为，军事代表团可以有效地制衡希腊民族解放阵线；将他们撤出希腊的做法不但困难，而且很危险；但是我担心他们哪天会被当成了人质，因此要求减少留守那里的代表团人员。

谣传德军将撤出希腊，导致帕潘德里欧内阁出现很大骚动和严重分歧，同时，这也揭示出他们展开共同行动的基础是多么脆弱和虚假。因此，我认为很有必要与帕潘德里欧以及他的亲信见上一面。

我离开伦敦之前发了一封电报，内容如下：

首相致外交大臣：

1. 可以肯定的是，我们会告知帕潘德里欧先生，他将继续担任首相，而无须理会其他任何人。

2. 我们不能像扶持帕潘德里欧那样将一个人扶植起来，然后在希腊反对党刚一咆哮之时就将其喂入虎口。当前世事艰难，假若抛弃我们曾经鼓励过的那些做出支持性的承诺、担负起艰难责任的人们，我们前进的道路也不见得会变得更加容易……

……

4. 假若事态恶化，希腊民族解放阵线成为希腊的新主人，我们则必须重新考虑是否保留我们在那里的军事代表团，

是否直接鼓动希腊人民争取自由独立。我认为，事情已经发展到这个地步，我们要么支持帕潘德里欧，若有必要，据我们达成的协议动用武力；要么彻底摆脱与希腊的关系。

1944 年 8 月 6 日

我当时还提醒过我们的参谋长委员会。

首相致帝国总参谋长：

1. 也许一个月左右，我们就必须调集一万或是一万两千名士兵到雅典，除此之外还会增派坦克、大炮和一些装甲车。您在英格兰拥有一个由一万三千名士兵组成的师，现在就可以将其派上用场，或许还可及时解决政治危机——这对英王陛下政府将要做出的决策至关重要。这支军队可得到三角洲各个机场军队的支援，还可竭力从我们部署在埃及的后勤部队中获得援军。这支后勤部队由二十万名士兵组成。

2. 我再次强调，不存在试图控制希腊以及越过雅典当前领土范围的问题。但是，这里是政府中心，必须保证通往此处的道路安全畅通。"布朗"式轻机枪将会非常有用。如果您有更好的计划方案，也请告知于我。

3. 我们姑且认定德国人已经撤军，或是正向北部逃窜了，并且在比雷埃夫斯登陆的部队会受到大多数雅典人民的欢迎，其中包括所有显要人物。但这项计划必须严格保密。整个问题将于周二或是周三在部长级参谋会议上讨论。

4. 您应当注意到，时间比数量更为重要，五天之内调动五千名士兵比七天之内调动七千人更为有利。当然，这支部队并非机动部队。请在第一时间与我会谈。

1944 年 8 月 6 日

相应地，我对相关事务做出了安排。

*　　*　　*

到达那不勒斯之后，我开始着手安排各种必要事宜。

首相（意大利）致外交大臣：

　　我并未意识到，也绝不可能在有意识的状态下同意英国内阁的任何决议，即建议希腊国王在举行公民投票之后再回到希腊，而不是前往伦敦。在这种没有数月时间就不可能有序进行公民投票的情况之下，我们最好还是看一看事态的发展。或许，一旦帕潘德里欧的新政府在雅典安全建立起来，就可能会邀请国王。当然国王不会立即动身前往希腊，但是他会在开罗逗留，静观事态发展。我将于 21 日在罗马与帕潘德里欧会面，届时，利珀先生也应该会到场。

　　至于我们远征希腊的计划，威尔逊将军及其参谋部已经按照参谋长委员会的电报（我已经读过）指示采取行动……我曾着重强调，必须将这次行动看作是一个加强外交和政策的手段，而非一次真正意义上的战役，而且这次行动范围只限于雅典，到时可能只能派一支分遣队去萨洛尼卡。

　　一千五百名伞兵一旦取得成功，希腊政府就将立即紧随其后，在几个小时内在雅典采取行动。雅典人民可能会怀着极其喜悦的心情迎接英国伞兵。伞兵空降雅典附近完全出其不意，可能会在希腊民族解放阵线攻下首都之前展开行动。我们将依赖希腊的两个空军中队，将其当作上述提及的空军力量的一部分，不过这些问题可以在晚些时候再做定夺。

　　由不超过一万名士兵组成的小规模远征行动将从亚历山大或是意大利东南部开始。同时，伞兵也开始登陆。扫除水雷、进入比雷埃夫斯港之后就可以将伞兵解救出来，并将其调集至其他需要兵力的地方。我们必须十分谨慎地选择开展

行动的日期。但是，我们应当率先到达，方可保证在敌方无任何抵抗的情况下再次采取登陆行动。

如果有扫雷艇可用，尤其是在雅典已建立了一个友好型政府的情况下，那么肯定能在几日之内在比雷埃夫斯港完成大型扫雷活动。地中海总司令也曾认真考虑过这个问题。总司令还希望能在一个月之内完成所有必需的准备。

当然，在英美联合参谋部，美国必须要参与制订与此行动相关的计划。截至目前，他们与地中海方面就战后希腊问题完全达成一致。此次行动需要美国运输机，我们也不得不从"龙骑兵"计划中调集一部分扫雷艇。他们拥有大量海军，所以开展此次行动应该不会困难。

1944 年 8 月 16 日

我也向罗斯福总统致电。

首相致罗斯福总统：

1. 我们总是能就希腊政策完全达成一致，共同采取行动。战时内阁和外交大臣十分关心的是：当德国方面溃不成军，或是当他们的军队企图撤离这个国家时，雅典及希腊将会出现何种情况。如果德国政府在一个有组织的雅典政府建立之前撤军，并造成雅典很长一段时间群龙无首，那么民族解放阵线和敌对分子将试图攻下该城，向民众灌输自己的思想。

2. 您和我都认为，希腊的命运掌握在希腊人自己手中，而且一旦恢复平静，他们就有充分的机会在君主制或是共和制之间做出选择。但是我认为，您也非常不希望看到混乱的场景和巷战，或看到一个专横的政府建立。因为这只会延迟和阻碍联合国善后总署制订向备受苦难的希腊民众发放救济品的所有计划。因此，在我看来，我们应当通过地中海的盟

军参谋部准备一支英军，士兵总数不超过一万人，并在时机
成熟时，以最快的速度将其送达。这支英军还包括伞兵，因
此将需要贵方提供空军支援。我个人认为，一个月内或是更
长一段时间内并不会发生什么事情，但是有准备总是好的。
我认为并不会出现什么难以逾越的困难。因此，我希望您能
同意参谋部以一种通常的方式做准备。这样的话，英国参谋
长委员会将向联合参谋长委员会提交下达给威尔逊将军的草
案指令。

1944 年 8 月 17 日

一个多星期后我才收到罗斯福总统具有决定性意义的复电。

罗斯福总统致首相：

　　我并不反对你们组建一支兵力充足的英军，用于德军撤
退时维持希腊的秩序；也不反对威尔逊将军到时使用他能使
用的、能够从其他作战行动中抽调出来的一切美国运输机。

1944 年 8 月 26 日

* 　 * 　 *

我于 8 月 21 日在罗马与帕潘德里欧先生会面。他说，民族解放阵
线已经加入他的政府，因为英军对待他们的态度一直很强硬。但希腊
政府仍然尚未组建自己的军队和警察。帕潘德里欧先生请求我方提供
援助，团结希腊的抵抗力量，一致抵抗德军。目前，仅有一些邪恶的
人持有武器，而且他们是少数派。我告诉他，将英军送至希腊一事，
我们既不能做出承诺，也不能承担义务，甚至不会有在公共场合讨论
这件事的可能性；但是，我建议帕潘德里欧先生立刻将其政府从开罗
（那里弥漫着一种阴森的气氛）迁至意大利某个靠近盟军最高司令部
的地方。最后，他答应了我的提议。

就在这个时候，莫因勋爵加入了我们。于是我们谈论的话题转移到希腊国王地位的问题上。我说道，他无须发表任何新的宣言，因为他曾说过，关于归国一事他将按照政府的建议行事。由于希腊国王曾在我们两国同时遭遇困难时英勇相助，英国对他一直十分友好，也十分讲义气。我们并不打算干预希腊人民选择君主制或是共和制的神圣权利。但是必须由整个希腊人民，而非一小撮教条主义者做出决定。尽管我个人对英国的君主立宪制矢志不渝，但英国政府对于以何种方式解决希腊的制度问题却持中立态度，只要公民进行公正投票即可。

　　据我观察，既然民族解放阵线停止要求其撤军，转而开始加入他的政府，那么帕潘德里欧先生就是一个国家政府的真正首领了。但是我警告他提防具有颠覆性的势力。我们达成一致，在战争最激烈时绝不释放关在监狱里的叛变分子，而且在他们向希腊人民民族解放军输送更多武器之前，看一看他们及其代表将会如何行动。我们应当努力为希腊组建一支国家军队。

　　帕潘德里欧先生抱怨道，保加利亚军队仍然占领着希腊的领土。我回应称，我们一旦确定保加利亚军队遵从盟军，就命令他们撤退到自己的边境上。此外，希腊方面在这里以及多德卡尼斯提出的领土主权归属问题，只能等到战后才能解决。这个国家饱受战争之苦，因此值得接受最好的礼遇。我们将为其救济和重建而竭尽所能，他们自己也将竭尽全力。目前帕潘德里欧先生所能采取的最佳策略，就是在希腊建立一个希腊政府，同时必须和平解决边境问题。

＊　　＊　　＊

　　我将这一切告知了艾登先生。

　　首相（罗马）致外交大臣：

　　1. 由于不久之后局势就会明朗化，我打算于 22 日和 23 日晚返回亚历山大军队，还希望能于下周日准时抵达契克斯

参加晨祷。

2. 我们希望能精简军事指挥机构。目前帝国总参谋长正同亚历山大在一起，之后将同威尔逊将军一起为共同捍卫亚历山大在意大利独一无二的地位而竭尽所能。

3. 至于希腊国王，他们当中没人希望他现在发出任何新的声明。关于他向我提出的返回伦敦的提议，我建议他等到帕潘德里欧先生归来，并同他见上一面后再返回。过一段时间，希腊国王就可以考虑访问意大利，到时他可以再次看望那些已被整肃而悔悟过的希腊旅，如果他在希腊旅于前线作战时去探望，时机则更佳。

4. 我喜欢帕潘德里欧先生。将希腊政府从弥漫着阴森气氛的开罗迁移出来是有较多益处的。我认为，无论对希腊的敌人还是朋友来说，这都为他们敲响了警钟。但是，尽管军事行动已经遵照您的意愿在我的指挥下完成了准备和部署任务，但行动日期尚不能确定；军事行动必须与其他的需求相配合，除非形势本身不受控制。我在一个月的时间内还不能完全做好准备。但是，如果一切进展顺利，我们就能展开突然袭击。莫因今早与威尔逊将军一起，对存留下来的步兵师以及前往意大利救援的步兵师进行再次划分。当然，大型国际组织和临时军火供应站还留驻在原地。

在这些激动人心又具有决定性意义的日子里，您能前来法国视察令我感到十分欣慰。

1944 年 8 月 22 日

*　　*　　*

在罗马的那段时日，我住在大使馆。我们的大使——诺埃尔·查尔斯爵士，和他的妻子精心照料我的生活，令我感到十分舒适。在大使的提议下，我同意大利的大部分政要会面，而此时的意大利由于遭

受二十年的独裁、一次灾难性的战争、革命、侵略、占领、盟国控制以及其他厄运，举国上下一片残败的景象。我还同博诺米先生、巴多格里奥元帅和陶里亚蒂进行会谈。陶里亚蒂在苏联逗留很长一段时间之后，于年初返回意大利。我们邀请意大利各党派领袖同我会面。可是，他们中没一个人获得选举授权，而且他们所选用的党派名称——恢复原来的名称，都着眼于未来。回首过往，我担心他们的思绪已经回到德军最近在这些古墓穴犯下大规模残暴屠杀罪行的时候。然而，在罗马引用历史资料的人是可以被原谅的。这座不朽之城，四周突起，威严壮丽，无懈可击，许多纪念碑和宫殿林立，掺杂着些许废墟遗迹——并非因遭受炸弹袭击而毁于一旦，它与匆匆来到这里的渺小人类形成鲜明的对比。

8 月 23 日，我受到教皇的接见。我在 1926 年以财政大臣的身份前往罗马时，同伦道夫一起看望了前一任教皇，当时我还十分年轻。直到现在我仍然记得因受到教皇亲切接见而倍感愉快的记忆。当时是墨索里尼时代。现在，我受到教皇庇护十二世最高规格的礼遇。我们经过的前厅和长廊站立着全副盛装的教皇卫队，以及由古罗马最高等级、最悠久的贵胄代表们组成的贵族仪仗队——他们穿着我从未见过的十分华丽的中世纪制服，纷纷出场。教皇在书房接见了我，他的态度既庄严，又不拘泥。我们一直谈论着，从不缺乏话题。

我们驻梵蒂冈的公使达西·奥斯本爵士开车将我送回大使馆。我也是在那里第一次与王储翁伯托亲王会面。作为王国的副统帅，他目前正指挥着在前线作战的意大利军队。他令人着迷的性格，对全局把握的才能——不论是军事方面还是政治方面，都令人耳目一新。王储翁伯托亲王给我的印象是，他比我在以往会谈中见过的政客都更加自信。我当然希望他能够在自由、坚强和团结的意大利建立君主立宪制的过程中发挥自身的作用。然而，这与我无关。我手上的事情已经够我忙了。迄今为止，华沙起义已有将近一个月的时间了。叛乱者处于危急之中，我也正与斯大林和罗斯福总统频繁地通信，具体内容我将于后文中讲述。

第八章

EIGHT

亚历山大的夏季攻势

视察新西兰师——与德弗斯将军会面——拜访利斯将军——向史末资元帅致电——开始进攻——壮观的景色——惊险的行车——致电总统——总统回电——进一步通信交流——总统希望落空——飞回英国——向意大利人民传递信息

结束对罗马的短暂访问之后，我于 8 月 24 日清晨乘飞机返回亚历山大在锡耶纳的总部，并在距离总部几英里外的别墅下榻。目前进攻时间定于 8 月 26 日，于是，我趁此机会视察了新西兰师。我上次视察他们（当时他们驻扎在的黎波里）还是 1943 年的 2 月。我不希望检阅仪式太过正式，可这些士兵全都聚集在道路两旁，对我的到来表示非正式但十分热烈的欢迎。我很高兴能够再次与弗赖伯格将军和他的军官们会面。我向弗雷泽致电，内容如下：

首相致新西兰总理：

　　由一万五千名出色士兵组成的新西兰师斗志昂扬，将在即将到来的这场作战行动中发挥关键性作用。我亲眼见证了这一切，并感到由衷的高兴。昨天，我同弗赖伯格将军及其军官们一起共进午餐，向他们讲述了许多他们从未听过的，而且在通常情况下无法听闻的事情。弗赖伯格将军和我向您致以诚挚的问候和美好的祝愿。

1944 年 8 月 25 日

我们将于 25 日下午飞往位于亚得里亚海沿岸利斯将军第八集团军

的战地司令部。在出发之前，我与亚历山大在他总部的营帐里待了几个小时。在这期间，德弗斯将军和另一位美军高级将领抵达，真是令人意想不到。饱受争议的"铁砧"计划现在被改称为"龙骑兵"计划，目前由帕奇将军指挥。但是，数周以来，德弗斯——威尔逊将军的副手，一直毫不留情面地从第十五集团军，尤其是从马克·克拉克指挥的第五集团军抽调部队和主要兵力。据说，"龙骑兵"作战部队可能会由一个集团军统一指挥，而德弗斯将被指派为该集团军的总司令。毫无悬念，德弗斯一定会为了这个即将委任给他的伟大事业而全力集结他所能集结的兵力，并用尽一切办法将之发展壮大。尽管他和亚历山大并未谈及任何严肃的问题，但我很快就察觉到他们二人之间的关系十分冷淡。几分钟后，亚历山大面带微笑、温文尔雅地告辞，将我和两位美国客人留在这杂乱的营帐里。德弗斯将军似乎并未打算与我讨论什么特别的问题，我也不希望与他谈论棘手的问题。因此，我将谈话的内容控制在礼节性问候和一般性问题上。我盼望着亚历山大返回，但他并没有。二十分钟后，德弗斯也离开了。当然，没有任何公务可谈。我祝愿他在作战行动中一切顺利。于是，他礼节性的拜访也随之结束。然而，我能够意识到在这些高级军官以礼相待的背后所存在的紧张关系。

不一会儿，亚历山大回来了，告诉我说我们现在应该开车前往机场。随后，我们乘坐他的专机离开，朝着东北方向飞行一个半小时后抵达洛雷托，我们又从那里驱车前往位于蒙特马乔列后背处的利斯将军的营地。在营地的营帐里，我们可以俯瞰整个向北延伸的壮观景象。二十英里外的亚得里亚海被蒙特马乔列群山所掩盖。利斯将军告诉我们，掩护其先锋部队的弹幕射击将于午夜开始。我们被安排在一个绝佳的位置观看远方一长条的火光。迅速干脆、连续不断的炮击令我想起第一次世界大战的场景。可以肯定的是，炮兵部队大规模地参战。观看一个小时后，我怀着愉悦的心情上床睡觉，因为亚历山大已经制订好计划：早点出发，并在前线待上一整天。他还向我保证，将带我前往任何我想去的地方。

* 　 * 　 *

临睡之前，我向史末资口述了一封电报——我与他的通信从未中断，内容如下：

首相致史末资元帅：

　　一场规模巨大的战斗将于今日开始，于明日达到高潮。因此，在这里待上几天之后，我就必须返回英格兰，前往巴黎进行访问，继而赶往加拿大参加一个于9月中旬召开的会议。昨天我本打算视察南非部队，但他们当时正向前行进，于是作罢。

　　到目前为止，"铁砧"计划取得的成果与其设计者原来的打算背道而驰。首先，这个计划并未将艾森豪威尔将军的敌军引开。与之相反，两个半至三个师的德军后卫部队肯定能在盟军登陆前抵达主要战线；其次，由于第五和第八两个主要集团军遭到削弱，而且其主要兵力被抽调，此处的作战行动便停滞不前、毫无进展。因此，敌方从意大利前线撤出三个德国师，其中包括一个拥有一万两千五百名士兵的强大装甲师，将之直接派往夏龙地区。于是，他们部署了大约五个师的兵力对抗艾森豪威尔。如果我们继续朝着波河方向挺进，并最终到达伟大的城市维也纳，就不至于发生这样的情况，但我仍希望我们能够向维也纳进军。

1944 年 8 月 26 日

* 　 * 　 *

我和亚历山大大约于九点钟一同出发。他的副官和汤米则乘坐下一辆车跟随。由于我们人员较少，十分方便展开行动。我们已经向前行进了六个小时，据说还要继续前进。但是，我们无法准确地记得究竟走了多远的路程。我们先是开车爬上了一个突出的岩石顶峰。岩石顶峰上还坐落着一个教堂和一个村庄。当地的村民从他们藏身的地下室里出来迎接我们。我们立刻意识到，这个地方刚刚遭到轰炸。在唯一的一条街上，瓦砾和碎片散落满地。"轰炸是何时停止的？"亚历山大面带苦笑，向朝着我们聚拢而来的人询问道。"大约十五分钟前才停止。"他们回答说。如果从几个世纪之前围建而成的防御土墙眺望，这里绝对是一幅美丽的景象。第八集团军在整条战线上作战的场景仍历历在目。但是，除了在七八千码之外因炸弹爆炸而喷出的稀稀疏疏的烟雾之外，什么也看不到。不一会儿，亚历山大说道，我们最好离开这里，因为敌人一定会朝着这样的观察哨所开炮，而且新一轮的轰炸可能又要开始了。因此，我们驱车向西行进了两三英里，在一个宽阔的山腰处共用了野外午餐。我们在这里看到的景象几乎同在山顶上看到的一样，而且这里不太可能引起人们的注意。

我们目前得到的消息称，我方军队已经在梅托罗河对岸前进了一两英里。哈兹德鲁布尔在这里遭遇了失败，而这决定了迦太基的命运。因此我建议渡过梅托罗河。于是我们就上了车，半个小时后过了河。公路沿着参差不齐的橄榄树丛延伸而去，树叶在阳光的照耀下闪闪发光。我们从一个营地中找出一名军官做向导，随后便驱车穿过这些林中空地，直到听见步枪和机枪的声音，我们才意识到已抵达前线附近。不一会儿，有人挥手向我们发出警告，我们便停了下来。似乎前面是布雷区，我们必须沿着其他车辆驶过的地方行驶才能安全通行。亚历山大和他的副官下了车，走向一幢灰色的石砌建筑物去探查情况。我军此时正驻守在此地，据说这里是进行近距离观察的好地方。我十分清楚，当前仅有零星的战斗在继续。几分钟后，副官返回原地，将我带往总指挥官那里；总指挥官已经在那个石砌的建筑里发现了一个绝佳的位置。实际上，这个建筑是一栋古旧的别墅，俯瞰着一个相当陡峭的斜坡。人们从这里可以将一切尽收眼底。德军正从大约五百码外

的丛林中用步枪和机枪向我方展开袭击。我方的战线就在我们的脚下。枪声断断续续，散乱无序。但是，这是我在第二次世界大战中距离敌人最近的一次，也是我听得枪声最多的一次。大约半个小时后，我们回到车上，小心翼翼地沿着我们自己的或其他车辆的轮胎印向河边驶去。我们在河边同增援纵队会师，他们一路前行就是为了向我们微弱的散兵提供援助；到了下午五点钟，我们再次回到利斯将军的总部。在这里，集团军整条战线的战果被准时地标记在地图上。总的情况是，从破晓时分开始，第八集团军就已经在十英里或是十二英里的战线上向前行进了七千码，而伤亡却一点也不大。这真是一个鼓舞人心的开端啊！

*　　*　　*

次日早上，我收到大批的电报和信件。于是，忙碌的工作开始了。艾森豪威尔将军似乎因德国师（之前该师从意大利撤军时我向史末资提及过）的日益逼近而倍感担忧。而让我感到高兴的是，在如此令人沮丧的条件下准备的进攻行动业已开始。我向总统发了一封电报，向其详细解释我们当前的处境；解释依据不但包括战地指挥官提供的信息，还包括我个人对当前形势的了解。我希望能以一种不置可否的方式向他传达我们切身感受到的挫败感，同时表达我对将来所抱有的希望和想法。如果我能让总统重燃这一兴趣，我们最后向维也纳进军的计划就可能继续。

首相致罗斯福总统：

1. 亚历山大收到同盟国远征军司令部的来电，他们要求亚历山大想方设法阻止更多德国师从意大利前线撤军。当然，我方在意大利的军队遭到严重削弱才导致这样的后果。其实，自从我方向里维埃拉进攻之后，情况便已如此。总之，四个师都已撤离，其中包括一个正开往夏龙的强大装甲师。然而，尽管兵力遭到削弱，但亚历山大三周之前就已经开始与克拉克共同谋划迂回或是突入亚平宁山脉。为达成这一计划，英国第十三军的四个师已经转交给克拉克将军指挥。由于克拉克将军的炮兵已被抽调，我们可在必要时向其支援炮兵部队。第十三集团军的八个师——四个美国师和四个英国师，正在佛罗伦萨北部的轴线上集结。

2. 由于亚历山大在整条战线上大获全胜，再加上由防空兵改组而成的炮兵驻守着长长的战线，连同若干装甲旅的支援，他能够集结十个英国师或是由英国指挥的师，代表整个英帝国防守在亚得里亚海侧翼。英国师的先锋部队在午夜前，即25日，展开进攻。此外，一场炮火凶猛的进攻行动也已于26日黎明时分正式拉开序幕。我们朝着广袤的地区向前进军九英里，但是我们在主要阵地，即哥特防线，还未与敌人兵戎相见。我非常幸运能够随军一同向前挺进，也因此能够对现代战场有一个更加清晰的了解，至少比我在一直饱受局限的高处获取的印象更加清晰。

3. 计划如下：第八集团军的十个师将奋力穿过哥特防线，沿着整个敌军阵地迂回而过，而后从里米尼平原地区进入波河流域；但是在恰当的时机，马克·克拉克将根据敌人的反应以他八个师的兵力进行应对。此外，这两支部队应在波伦亚会师。如果一切进展顺利，我希望之后的进军步伐更加迅速。持续激烈的交战将进一步减少从意大利撤出的敌军对艾森豪威尔的威胁。

4. 您在德黑兰向我讲述的关于伊斯特里亚的一切，令我一直难以忘怀。我确信，一支强大的军队在四周或是五周的时间内抵达的里雅斯特和伊斯特里亚后将会产生深远的影响，远不止纯粹的军事价值。铁托率领的人民将在伊斯特里亚等待我们的到来。我无法想象那时的匈牙利是一幅怎样的景象。但是，我们无论如何都会做好充分利用新

形势的准备。

1944 年 8 月 28 日

我于 28 日飞抵那不勒斯之后才发出这封电报，回国三天之后才收到回电。

罗斯福总统致首相：

　　非常感谢您的来电。得悉威尔逊将军已将他在意大利的部队集结并重新开始了进攻，甚为欣慰。我的参谋长们认为，强有力的进攻——动用一切可以动用的力量，应当迫使敌军撤退到波河流域。到时候，敌军可能会选择从意大利北部撤军。由于威尔逊将军采取的行动会令敌人从其他战线撤军，敌人一旦落入我方手中就必须倾尽全力将其摧毁。我相信，威尔逊将军一定会以此为目标。进攻行动已经开始，而且在意大利火力全开。我确信，艾森豪威尔一定会对我们在地中海地区竭尽全力打击德军的做法感到满意，因为这批德军很可能在不久的将来被调去攻打他的部队。我明白，在地中海可用的一切英军都将被调集至意大利战场。我们目前正使出浑身解数增援法国，以保证艾森豪威尔将军能够保持我方军队已赢得共同胜利的那股冲劲。由于我们在法国南部取得了伟大胜利，而且苏军目前在巴尔干各国击溃敌军侧翼，我对将来满怀希望，最终的胜利离我们不会太远。

　　我认为，我们应当动用一切可以动用的力量碾压意大利的德军。在我们更加明确威尔逊将军的作战结果及更加了解德军动向之前，停止执行在将来使用威尔逊部队的决定。

　　至于已在德黑兰讨论过的关于的里雅斯特和伊斯特里亚的问题，我们可以在"八边形"（魁北克）重新开始商谈。

1944 年 8 月 31 日

这封电报着重强调了威尔逊将军的重要作用，令我感到十分惊讶。

首相致罗斯福总统：

1. 在意大利的一切作战计划均由亚历山大将军按照最高指挥部指令设计和执行。您将看到，他目前正与二十英里外的亚得里亚海侧翼的哥特防线接触，而第八集团军将参与一场激烈的战斗。同时，克拉克将军及其第五集团军已经从佛罗伦萨向前进军。亚历山大将军令我印象最为深刻的是，他强调竭尽全力摧毁敌方武装部队以及迂回敌方战线的重要性。对德军来说，越过阿尔卑斯山从哥特防线进行大撤军也绝非易事，尤其是在我们能够抵达波伦亚附近的条件下。由于你们已经挺进罗纳河流域，通往法国的西部隘口和隧道已经遭到封锁。只有直接通往德国的道路开放着。我们应当尽一切力量与敌方交战，直至摧毁敌军。然而，还有一场决定性的战役要打。

2. 鉴于意大利战场上的敌军因四个精锐师的抽调而遭到削弱的事实，除第九十二师外，我们不再要求美方提供增援。我知道过不了多久，第九十二师便会抵达。另一方面，我还想当然地认为，不会再从意大利撤军，即克拉克军队的四个师及其他残余军队将继续驻守原地。亚历山大将军应当在这种条件下制订相应的作战计划。目前大概就这么多。

3. 将来的话，一旦在意大利的德军被击溃或是不得不逃窜，第八集团军和第五集团军就只能继续与敌人对抗。而且这种对抗只能以这样的方式进行：首先攻入伊斯特里亚和的里雅斯特，最后攻打维也纳。如果战争在几个月内结束，若是可能的话，就不会存在这些问题。总之，我们可以在魁北克就此问题进行详谈。

4. 对您在法国南部的成功登陆表示祝贺。我非常希望撤退的德军能够在瓦朗斯或是里昂被我们钳制住，进而被包围。

显然，另外九万名暴徒正从南部经由普瓦蒂埃鱼贯撤出。

1944 年 8 月 31 日

罗斯福总统于 9 月 4 日再次向我发了一封电报。

罗斯福总统致首相：

　　同您一样，我也坚信我们在意大利的盟国军队足以完成这项任务；战地司令官将毫不留情地与敌方激烈交战，以瓦解敌方力量。击溃哥特防线上的德军之后，我们的部队将继续奋战，以一种最为有效的方式支援艾森豪威尔将军直捣敌人巢穴。

　　关于未来我们在意大利如何恰当部署军队的问题，可以在魁北克进行谈论。我认为，应当将美方军队用于西线作战，但我对此并不固执己见。事态的发展还取决于当前意大利和法国的战况。置身其中，我强烈地感受到，我们无论如何都不能限制迅速突破德军西部防线所需的兵力。

　　在法国南部的胜利必须归功于了不起的盟军联合部队，而作战计划从始至今的完美执行则应当归功于威尔逊将军，以及他的盟军幕僚、帕奇将军和下属指挥官。目前法国南部的德军陷入一片混乱。我希望，南北军队能够以比我们原先预计更快的速度会师。

1944 年 9 月 4 日

　　这两个希望将竹篮打水一场空。我们也将亲眼见证这一切。我们以沉重的代价在里维埃拉登陆，而参与意大利作战行动的那支军队因抵达太晚，而无法为艾森豪威尔北部的第一场主要战斗提供支援。此外，亚历山大的进攻行动因严重缺乏兵力而未能取胜——此次胜利对我们来说十分必要。完全解放意大利还需要八个月的时间，我们向右进军维也纳的行动计划遭到否决；除了希腊，我们影响欧洲东南部解放的军事力量荡然无存。

8 月 28 日，我飞回那不勒斯。临走之前，我亲自给意大利人民写了一封信，以示鼓励和希望。除了我方与意大利真正交战之时，我一直对意大利人民存有敬意。当我乘车穿过每一个小村镇巡视整条战线时，他们都会热烈欢迎我的到来，令我深受感动。无以回报，我对其提出以下几点忠告。

常言道，自由的代价是永葆一颗警惕之心。那么，问题来了，"何为自由？"有一个或是两个十分简单、实际的检验，通过检验我们就能够得知在和平的现代世界里的自由意味着什么，这些检验就是：

人民有自由表达见解、反对意见和批评当今政府的权利吗？

人民有权利将他们不赞同的政府赶下台吗？人民是否可以通过宪法途径表达自己的意志？

司法部门是否可以免遭行政部门的暴力对待和暴徒动乱的威胁？司法部门是否可以摆脱与特定政治党派的一切联系？

法院是否会执行在人们心目中与正派和正义的原则联系在一起的公开、公认的法律？

这些法律是否能够对穷人与富人、平民与政府官员一视同仁呢？

除了对国家应尽的义务之外，个人的权利是否能够得到保障、维护和歌颂？

对于为了维持生计而日夜操劳、为了养家糊口而疲于奔命的普通农民或工人而言，他们是否可以免受一党控制之下的某个无情的警察组织——譬如，纳粹和法西斯党所创建的秘密警察——轻轻拍下肩膀，不经公正或是公开的审判就将之逮捕，投入监牢或是横加虐待？

这只是一些简单实际的检验，而一个新的意大利政府应

当在此基础之上建立起来……

1944 年 8 月 28 日

今日，这一见解无须再作更改。

第九章

NINE

华沙的殉难

苏军渡过维斯杜拉河——德国东线崩溃——莫斯科广播号召华沙起义——回复冷漠——德军反攻——华沙传来坏消息——华沙悲惨至极——罗斯福来电——急需苏联机场——总统反对——英国战时内阁愤怒不已——苏联明显改变战略——重型轰炸机给华沙空投补给——悲剧结束

　　7月下旬，苏联展开了夏季攻势，军队推进到了维斯杜拉河。一切迹象都表明波兰不久将落入苏联手中。（那些效忠于波兰政府的）波兰地下军领导人想加快国家解放，防止波兰尤其是华沙进行一系列激烈的防御战，现在就必须决定何时发起对德国的总攻。波兰政府流亡于伦敦，授权波兰总司令博尔·科莫罗夫斯基将军及其参谋员自行决定时间，只要他们认为时机合适，即可发起总攻。此刻时机正好。7月20日传来了计划刺杀希特勒的消息，紧接着又传来盟军冲过了诺曼底海滩的消息。7月22日左右，波兰人截获了德国第四装甲集团军的无线电报：德军下令全线退到维斯杜拉河的西岸。同日，苏军渡河，向华沙方向挺进。毫无疑问，德军即将面临一场败仗。古德里安将军在纽伦堡审判中描述了当时的情形，如下：

　　　　1944年7月21日，我受命担任德军东线的总参谋长。就职后，整条战线——如果还能称为战线的话——乱作一团，就只剩下一些残兵败将正设法撤到维斯杜拉河防线上，二十五个师全部被歼。

因此，博尔将军决定举行起义，解放城市。他手下约有四万人，储备了粮食弹药，足够支撑七至十天。维斯杜拉河的对岸传来了苏联军队的炮声。苏联空军从首都附近新占领的机场起飞，开始轰炸华沙的德军，其中最近的机场只需花费二十分钟即可到达。长期以来，苏联广播电台一直呼吁波兰人民别再犹豫，全面起义反抗德军。7月29日，即起义前三天，莫斯科广播电台播放了波兰共产党向华沙人民的呼吁，宣称解放城市的枪声已经响起，号召他们要像1939年那样英勇抗德，到了决战的时候了！"华沙人民一直浴血奋战，从未屈膝投降，现在是时候采取行动了。"广播指出，如果德军计划设置防守据点进行战斗，那么整个城市将逐渐毁灭。广播最后提醒人们，"如果不努力自救，一切都将不复存在。""如果直接积极反抗，如参加华沙大街小巷的战斗等，既能加快解放的速度，也能拯救同胞们的生命。"

　　7月31日晚，华沙地下军司令部获悉苏军坦克已经冲破了德军的华沙东部防线。德军的无线电台宣布："今天，苏军从东南面向华沙发起了总攻。"苏军现已近在咫尺。次日下午五点，波兰的地下军司令部下令全面起义。博尔将军对当时的情形描述如下：

　　　　五点整，成千上万的窗户被猛然推开，四面八方弹如雨下，射向路上的德军、德军建筑及行进的军队。转眼间，大街小巷的百姓消失散去。百姓夺门而出，加入战斗。仅十五分钟，全城一百万人民都加入了战斗。各类交通中断。从此，德军前线正后方的华沙不再是东西南北交通线的汇聚中心。解放城市之战已经开始。

　　次日，起义消息送达伦敦，但我们迫切希望前方传来更多消息。苏联电台停止了发声，苏联空军也停止了活动。8月4日，德军从他们控制的各个市区和郊区据点开始进攻。流亡伦敦的波兰政府通知我们，华沙人民急需空运补给。目前，德军匆忙拼凑了五个师来镇压起义。赫尔曼·戈林师已从意大利调来，两个党卫军师也将随后抵达。

于是，我致电斯大林：

首相致斯大林元帅：

    我们应波兰地下军的紧急请求，如天气许可，将向华沙西南地区空投约六十吨的装备和弹药。据说，华沙人民正如火如荼地展开抗德之战。他们说，苏军近在咫尺，希望苏联也能施以援手。目前，德军使用了一个半师来镇压起义。望此消息有助于阁下采取行动。

1944 年 8 月 4 日

斯大林复电迅速，但语气冷漠。

斯大林元帅致首相：

    来函已悉。

    我认为波兰人向您夸大了事实，他们的话令人难以信服。波兰移民宣称，他们仅凭一些零散部队就可拿下维尔纳，甚至还进行了广播宣传。仅从这一点，就可证实。实际上，这当然有悖事实。波兰军队仅由几个小分队组成，可他们却自称为师。他们既无飞机大炮，也无坦克。相比之下，德军为了守卫华沙，布置了四个坦克师，其中包括赫尔曼·戈林师。我实在无法想象，这样的小分队如何能解放华沙。

1944 年 8 月 5 日

在此期间，华沙人民继续与德军"虎"式坦克师街头巷尾地鏖战。8 月 9 日，德军已在城市内部打开了一条楔形通道通往维斯杜拉河，把波兰人占领的地区分割成了若干孤立的小块。波兰、英国、自治领组成的英国皇家空军尝试从意大利基地起飞，前往华沙援助，此举虽然英勇无比，但影响有限。8 月 4 日晚，两架飞机出现在华沙上空；四天之后，又出现了三架。

　　　　　　　　　＊　　　＊　　　＊

　　自 7 月 30 日起，波兰总理米科莱契克滞留莫斯科，试图与苏联政府达成某种协议，这些洽谈发生于华沙起义的前几天。博尔将军每天给米科莱契克发电报，请求支援军火、反坦克武器和援军。另一方面，苏联人要求波兰同意战后波兰的边界划分并成立联合政府。8 月 9 日，我最后一次与斯大林会谈，但仍毫无收获。

　　8 月 12 日，我致电斯大林：

　　首相致斯大林元帅：

　　　　我收到了华沙人民发来的电报，内容实乃令人忧心。德军数量众多，已把城市一分为三，但波兰人民奋战了十天，仍在顽强抵抗。

　　　　（附电开始）副总理致共和国主席、政府及总司令：

　　　　第十天了，我们仍在浴血奋战。城市被三条路线割开……所有路线都有德军坦克严守，想要冲过德军的防线困难重重（沿途的建筑物都已焚毁）。格但斯克车站到西站沿线的两辆装甲列车以及普拉加的大炮不断向市区开火，另有敌人空军不断支援。

　　　　值此之际，我们仍在战斗。但是，你们仅给予了一次少量空投。自 3 日起，德苏战线开始沉寂。因此，除了第 8 日波兰副总理（在伦敦）进行了一次简短讲话外，我们既未获得任何物质支持，也无任何精神鼓励，甚至我们的行动都没有得到你们的认可。首都的将士和人民绝望地仰望天空，期待着盟军的救援。然而在硝烟弥漫的天空中，他们看到的仅是德军的飞机。他们无比震惊，也无比沮丧，甚至开始谩骂起来。

　　　　我们几乎没有收到你们任何消息，没有任何关于政局的信息，也没有任何建议和指示。你们在莫斯科是否讨论了支援华沙事宜？我再次强调：如果不立即支援，不空投补给武器和弹药，不轰炸敌军据点，不空降援军，我们不日将覆灭。

如能获得上述援助，战斗将继续进行。

我期望你们能为此竭尽所能。（附电结束）

他们恳求获得机枪和弹药。鉴于意大利距离遥远，你们能否给予更多援助？

1944 年 8 月 12 日

*　　*　　*

当天，我收到了斯大林的一封电报，其语气较为缓和：

斯大林元帅致首相：

我与米科莱契克先生会谈结束后，就立即命令苏军司令部在华沙地区空投大量武器，也空投了一位空降兵联络官。但是，据司令部报告，这位联络官遭到了德军杀害，未能抵达目的地。

此外，在详细了解华沙的情况后，我认为华沙起义十分草率、冒险，只会给当地人民带来巨大损失。如果华沙起义开始之前就通知苏军司令部，或波兰人与苏军司令部维持联系，那定会是另一番局面。

鉴于上述情况，苏军司令部得出结论：就华沙问题，苏军必须置身事外，因为我方无法为华沙承担任何直接或间接的责任。

1944 年 8 月 16 日

*　　*　　*

18 日，我再次致电艾登先生。

首相致外交大臣：

上次致电您之后，我收到了一封电报：8月15日，美国参谋长联席会议致电给艾森豪威尔将军，电报语气极为冷漠。

空军大臣向我保证，只要苏联人同意，美方愿意从英国调集物资援助华沙，并且这种方法行之有效。除非杜立德将军审查同意这种行动切实可行，否则我很难相信必须要向苏联请求允许着陆。因此，请您务必查清此法是否可行，这一点尤为重要。

当然，不管是总统还是我，或是我们两人，向斯大林进行个人或联名呼吁前，首先必须解决军事难题。

1944 年 8 月 18 日

同时，我也向总统发起了呼吁。

首相（意大利）致罗斯福总统：

1. 我们几乎可以肯定，只要德军在华沙获胜，必会进行一场大规模的屠杀，而且我们无法采取任何措施制止这种行为。

2. 如您认可，我计划写一封私人信件给斯大林，或者您也可以写一封类似的信件。不过，我们联名签署的信件肯定比两封单独的信件更为有效。

3. 英美两军在法国取得了重大胜利，大大改变了欧洲局势。如果盟军能在诺曼底取得胜利，这将大大超越苏联人取得的任何战果。因此，我认为只要措辞得当，语言简明，他们将会尊重我们的意见。我们两国致力于伟大的崇高事业，即使遭到斯大林怨恨，但为了世界和平，我们也必须提出忠告。不过，他应该不会怨恨吧。

1944 年 8 月 18 日

两天后，我们联名发送了一份总统起草的呼吁，如下述：

首相（意大利）和罗斯福总统致斯大林元帅：

　　如果我们对华沙的反纳粹分子置之不理，恐怕全世界人民会议论纷纷。我们认为，我们三国都应该竭尽所能地给予援助，尽可能地拯救更多的华沙人民。我们希望你们能给华沙的波兰爱国人士空投急救物资和弹药，或者，你们能否尽快协助我方飞机进行空投？我们希望您能同意。时间紧急。

1944 年 8 月 20 日

我们收到的回复如下：

斯大林元帅致首相和罗斯福总统：

　　我已阅悉您和罗斯福总统关于华沙的电报，我的观点如下：

　　一帮犯罪之徒为了夺权而发动了华沙起义，此事的真相总有一天会水落石出。这些人利用了华沙人民的善意，致使很多百姓徒手对抗德军的枪炮、坦克、飞机。于是，日复一日，局势对波兰人民越来越不利，反倒越来越有利于残忍屠杀华沙百姓的希特勒。

　　从军事的角度来看，德军越来越关注华沙目前的情况，既对苏军不利，也对波兰人不利。另一方面，最近德军正努力对苏军进行新一轮的反攻，苏军不得不想方设法地粉碎希特勒等人的反攻，力图将战线推进到华沙地区，展开大规模进攻。毫无疑问，苏军正竭尽全力粉碎华沙周边的德军，帮助波兰人民解放华沙。对反纳粹的波兰人民而言，这种帮助才最为有益、最为有效。

1944 年 8 月 22 日

＊　　　＊　　　＊

在这期间，华沙的抵抗悲惨至极。

首相致罗斯福总统：

下文由华沙起义的目击者所述，已抄送了一份副本送至伦敦的苏联大使。

1. 8月11日

尽管波兰地下军顽强抵抗，但仍旧无法阻挡德军继续惨无人道的屠杀。他们通常是焚毁整条街上的房屋，枪杀屋里的男人，驱赶妇女小孩至大街，任其在枪林弹雨中自生自灭。克罗列夫斯卡大街的许多私人宅院都遭到了轰炸，有一所房子遭到了四枚炸弹轰炸；还有一所房子里面居住着一些波兰大学的退休老教授，纳粹党卫队竟破门而入，杀害了很多老教授，只有一些老教授通过地窖得以逃至其他房屋。波兰地下军和百姓的士气极其高涨，高喊："杀死德国佬。"

2. 8月11日

昨晚，德军坦克部队竭力营救他们城中的一些据点。不过，他们想要完成这个任务并不容易，因为大街小巷都设置了巨大路障，而且大部分路障都由马路的混凝土路面砌成。德军行动大多失败，于是，坦克兵便纵火焚烧房屋，炮轰远处房屋，以此泄愤。他们通常还纵火焚尸，因此街头尸横遍野……德国坦克部队开始惧怕波兰的路障了，因为他们知道每个路障后面都埋伏着波兰地下军的敢死队——带着汽油瓶奋战到底。这些汽油瓶已经夺走了他们很多同伙的生命。

3. 8月11日

无论男女，只要是躺在圣拉扎鲁斯医院、圣卡罗尔医

院、圣马萨医院里面的伤病患者，都遭到了德军毫无人性的屠杀。

德军逼迫五百名妇女儿童走在坦克前面，掩护他们给前哨输送补给，防止波兰地下军对他们采取行动。很多妇女儿童或死或伤。据说，城市的其他地区也出现了类似举动。

波兰军队尽管缺乏武器，但仍继续掌握着华沙战役的主动权。他们在一些地区摧毁了德军的据点，缴获了急需的武器和弹药。8月12日，共缴获了一万一千六百发步枪子弹、五挺机枪、八千五百发小型武器子弹、二十支手枪、三十枚反坦克地雷。德军以死相拼。地下军纵火焚烧德军堡垒的一座楼房时，两名德国士兵挥着白旗试图逃到波兰前线，但被一名纳粹党卫队的军官发现了，结果枪杀了他们。8月12日至13日夜间，地下军获得了盟国空军援助的一些武器。

4. 8月15日

逝者被埋葬在后院或广场。粮食供给不足，情况继续恶化，但目前尚无饥荒。今日，水管停水。全部的水都是从仅有的水井和家庭蓄水缸里取得。城区各地都饱受敌人炮火的威胁，已有多处起火。空投的物资提高了士气。百姓们个个都想继续奋战，也愿意继续奋战，然而胜负难分，着实令人沮丧。

5. 8月16日

华沙鏖战仍旧无比激烈。德军寸土必争。据说，有些地方整片地区都已被烧毁，百姓或死或停。人们不断呼喊："得武器，必报仇。"

8月1日下午五点十分，一场电站争夺战拉开了序幕。战争爆发之前，二十三名波兰士兵受命驻扎于电站，由于这些士兵是通过正常渠道招募，所以他们在等待起义爆发。起义前一天，德军增加了守卫兵力，一百五十名军事警察守在混凝土掩体、碉堡及电站的所有建筑里。行动的信号是引爆某栋建筑。经过了十九小时的奋战，波军完全掌控了电站。波方二十人阵亡，二十七人受伤；德军二十人丧生，二十二人受伤，五十六人被俘。夺取电站的分队全部都是电站的操作工人和金属工人。尽管德军每天都使用七十五毫米的大炮轰击电站，但是工人们仍成功保持不间断地供电。

1944 年 8 月 24 日

实际上，地下战斗也如火如荼地进行。波兰不同区域进行沟通的唯一渠道是下水道，但德军总是往井盖投入手榴弹和毒气。波兰军人常常半身淹入污水，在一片黑暗中展开战斗，有时用刀近身搏斗，有时把敌人按在水中直至闷死。地面上，德军的大炮和战斗机已烧毁大半个城市。

我认为这些罪大恶极的行径应该公之于世。

首相（意大利）致新闻大臣：

华沙惨状的报道是否已经停止？从报纸上看，华沙的消息似乎被压制了，可有何理由不把这种行为所产生的后果告诉世人呢？

1944 年 8 月 23 日

＊　　＊　　＊

此时，总统回复了我的电函。

罗斯福总统致首相：

感谢来电告知纳粹分子的残忍暴行和波兰华沙人民的艰难处境。

我们联名提议援助华沙一事，斯大林对此的答复实在令人沮丧。

　　我收到消息，除非苏联允许我们在苏境机场上起飞和着陆，否则我们无法给华沙人民提供援助。目前，苏联当局一直禁止我们使用那些机场来援助华沙。

　　眼下，我想不出任何进一步的可行举措。

1944 年 8 月 24 日

次日，我复电。

首相致罗斯福总统：

　　斯大林对我们所提的具体问题避而不答，且回复内容也无多少价值，我建议复电如下：

　　（始）我们诚挚地希望能从英国派出美国飞机。贵方为何非要在询问我方飞机的沿途飞行活动后，才允许这些飞机在俄国战线后方指定给我们的加油站着陆呢？如能按照上述行事，贵方政府就能遵守不参与此特殊事件的原则。我们相信，如果受创的英美飞机降落于苏方战线，只要贵方给予正常照应，他们都能得到援助。我们同情那些"几乎手无寸铁的人民"，特殊的信仰使得他们敢于反抗德军的坦克、大炮、飞机；我们并不急于评价这次起义的发动者，但莫斯科电台却反复提及。我们认为希特勒的暴行不会随着他们终止抵抗而结束，而是会变成全面实施暴行的开端。毋庸置疑，华沙大屠杀必定会成为我们战后聚首讨论的一件棘手之事。因此，除非贵方直接反对，否则我们将计划派遣飞机援助。（终）

　　鉴于斯大林对此事避而不答，我认为我们应该先派遣飞机，然后静观其变。我不相信他们会扣留这些飞机。自从我们表态后，我看到苏方正想方设法地收回苏联战线后方的波尔塔瓦，以及其他地方的美军机场。

1944 年 8 月 25 日

总统复电反对。

罗斯福总统致首相：

我认为，从战争整体的长远前景来看，我们联名把您初拟的复电发给斯大林并无多大益处，但如果您认为此事可行，我不反对您以个人名义发出电文。在得出上述结论之前，我充分考虑了斯大林当前对援助华沙的态度。他在复电中明确表示，拒绝我们通过苏方机场救援华沙；我还考虑了美国当前协商其他苏方基地的后续使用问题。

1944 年 8 月 26 日

*　　*　　*

我曾以为美方会支持我们采取强硬措施。9 月 1 日，我接见了波兰总理米科莱契克，他刚从莫斯科归来，可我爱莫能助。他告诉我，计划向卢布林委员会提出一项政治解决方案：成立联合政府，给予他们十四个席位。华沙的代表们在前线对这些提议展开了讨论，最后他们达成一致，同意接受这些提议。一年后，在莫斯科的苏联法庭上，很多参与此次决议的代表以"叛国罪"受审。

9 月 4 日晚，内阁召开会议。虽然我有点发烧，但我认为事情紧急，所以还是从床上爬起，前往地下会议室。我们曾聚首讨论过很多棘手的事情，可我不记得有哪次会议像此次会议这样，无论保守党、工党，还是自由党，众阁员个个义愤填膺。我本打算说："我方飞机在华沙空投物资结束后，计划在贵国着陆。如若这些飞机受损，我们将立刻停止所有护航运输队。"但是，未来的读者阅读这几页时，肯定明白每个人都应该时刻牢记全球几千万人民的命运，也明白有时为了一个共同目标，不得不做出可怕的让步，甚至是卑躬屈膝。因此，我不建议采取这一过激的行为。在以下电报中，我们对一些举措做出了解释。在我们看来，这些举措是非常明智的。

首相（伦敦）致罗斯福总统：

1. 战时内阁十分担心华沙当前的形势，也担心如果斯大林拒绝借用机场设施，英苏未来的关系会严重受损。

2. 此外，如阁下所知，米科莱契克已经把他的政治解决提议方案送交给了波兰解放军委员会。我担心，华沙沦陷不仅会摧毁任何前进的希望，也会严重削弱米科莱契克的地位。

3. 我即将发出两封电报，一封是战时内阁合力拟写发给我国驻莫斯科大使的电报；另一封是华沙妇女写给教皇的电报，该信借道梵蒂冈送呈我国公使。

4. 我们为在华沙抗战的波兰人提供物资援助，唯一快捷的方法是美方飞机借用苏联机场空投补给。事态十分紧急，我们恳请阁下重新考虑其中的利害关系。阁下能否授权贵方空军执行这一行动，如有必要，可未经苏联正式同意着陆于苏方机场？我们西线大举成功，我认为苏联不会拒绝承认这一既成事实。他们可能会接受这一行动，因为可以帮助他们摆脱尴尬之境。贵方空军的任何行动，我方当然都会共同分担责任。

1944 年 9 月 4 日

首相致罗斯福总统：

下文是今晚发往莫斯科的电报，我在上一封电文有所提及：

今日，战时内阁召开会议讨论了华沙的最新局势。情况表明，抗击德军的波兰人正身处绝境。

战时内阁希望苏联政府知晓，我国公众深受华沙起义感动，也深深同情遭遇苦难的华沙人。不管华沙起义的起因是非曲直，华沙人民都不应该为这一行动负责。我国人民无法理解，为何外界没有人向在华沙的波兰人提供任何物资援助。如果此刻德军大挫波兰人，据说这两三天将会实现，那将会

带来不可估量的舆论震动。战时内阁实在无法理解，为何贵国政府拒绝英美政府义务援助华沙人民。我们认为，贵方阻止实施援助的行为有悖于盟国的合作精神，而这种合作精神，无论是现在，还是将来，我们都高度重视。

我们敬重斯大林元帅和苏联人民，诚挚地希望今后能够继续合作。故战时内阁授权我向苏联政府作进一步的呼吁，希望苏联政府能够力所能及地给予帮助，更重要的是，给美国飞机着陆苏联机场提供便利。

1944 年 9 月 4 日

首相致罗斯福总统：

下文是华沙妇女发来的信函，我在前面电文有所提及：

最尊敬的圣父，我们华沙妇女对祖国充满了浓厚的爱国之情，愿为祖国献身。三周以来，我们缺粮缺药，仍拼命防守要塞。华沙已成一片废墟。德军残杀各医院的伤员，还命令妇女儿童走在前面保护他们的坦克。有关孩子使用汽油瓶去抗击坦克的报道毫无夸张之处。我们作为母亲看着自己的孩子为祖国、为自由而牺牲，然而，我们的丈夫、儿子、兄弟却得不到敌人的尊重，不把他们视为战士。圣父啊，现在没有人帮助我们！英国给予的援助严重不足。世界忽略了我们！只有上帝与我们同在。圣父、教皇，如果你们能听到我们的呼唤，请保佑我们这些正为教会和自由而战的波兰妇女。

1944 年 9 月 4 日

罗斯福总统致首相：

谨复来电：我从军事情报局得知，抗战的波兰人已经撤离了华沙，德军现已全面控制华沙。

因此，很不幸，由于我们行动拖沓，德军行动迅速，援助华沙的波兰人民的问题已经不复存在；而且，我们现在似

乎也无力协助了。

　　我们未能对华沙的英勇保卫者提供充足的援助，我一直对此苦恼不已。我希望我们仍然可以一起帮助波兰成为这场反纳粹战争的胜利者。

1944 年 9 月 5 日

*　　*　　*

　　波兰人饱受六个星期的苦难后，9 月 10 日，克里姆林宫似乎改变了战略。当天下午，苏军开始炮轰华沙东郊，也出动空军前往华沙。从 9 月 14 日起，苏联空军开始空投物资，他们只打开了少量降落伞，以致打碎了很多箱子，物资也成为无用之物。次日，苏军占领了普拉加郊区，至此再无前进。另一方面，德军全城挨家挨户地进行清查，肃清波兰市区的反抗力量。全城人民面临悲惨的命运。很多人被德军驱逐出境。博尔将军向苏军司令罗科索夫斯基将军请求援助，但却没有得到任何回复。饥荒肆虐。

　　我想方设法争取获得美方援助，结果还是单独进行了一场大规模的援救行动。9 月 18 日，一百零四架重型轰炸机飞临华沙上方空投物资，但为时已晚。10 月 2 日晚，米科莱契克总理前来告知我，华沙的波兰军队正欲向德军投降。在伦敦还收听到一次这个英勇城市的广播：

　　此话千真万确。我们所受的虐待比希特勒的附属国还惨，比意大利、罗马尼亚、芬兰受到的遭遇还惨。公正的上帝，请为遭受可怕不公平待遇的波兰主持公道吧，也请惩罚那些有罪的人吧！

　　士兵们是英雄啊，虽然他们唯一的武器是左轮手枪和汽油瓶，可他们却和敌军的坦克、飞机、大炮抗衡。妇女们是英雄啊，她们在战火中照顾伤员、传送信件，她们在炮弹横飞的地窖中煮食喂养男女老少，她们陪伴安慰那些奄奄一息的人。孩子们是英雄啊，他们在冒烟的废墟上安静地玩耍。这就是华沙人民啊！

　　一个养育了如此众多英雄的民族必定永垂不朽。逝者已矣，生者如斯，继续战斗，再次证明：只要波兰人活着，波兰必定长存。

这些话语令人久久不能忘怀。华沙之战持续了六十多天。波兰军队四万男女，大约牺牲了一万五千名。华沙人口百万，将近二十万人丧生。镇压此次起义，德军牺牲了一万人，失踪了七千人，损伤了九千人。以上伤亡比例表明，这场战斗必定是惊心动魄，极端惨烈。不过，故事并没有结束。

第十章

TEN

第二次魁北克会议

英国计划对日作战——1944年能否击败德国？——我们必须比苏联抢先挺进中欧——回顾战争发展——缅甸战役——美军在太平洋的行动——波特尔爵士的皇家空军计划——摩根索计划——北面突袭德国的益处——意大利之战——巴尔干计划——打败日本

9月5日星期二，我们再次乘坐"玛丽皇后"号从克莱德出发。航行六天，我们每天见面开会，有时一天两次。我希望在会见美国朋友之前，安排和协调好我们目前的许多计划。欧洲战场不仅执行了"霸王"计划，而且还大获全胜。然而，我们究竟何时何地、用何方法打败日本，保证英国在东方胜利之时也能占据重要地位？我们的损失比美国只多不少。日本俘获了我国十六万多的士兵和百姓。新加坡必须收复，马来亚必须解放。近三年来，我们一直实施"首攻德国"的战略。现在是时候解放亚洲了，我决定在东方战场充分发挥英国应有的作用。值此战争之际，我最担心美国会在战后说："我们帮助您解决欧洲问题，您却让我们单独对抗日本。"因此，我们必须自己去收复我们在远东的失地，而不是静等别人在和平会议上把这些失地交还我们。

我们的主要贡献显然是海空方面。现在，我方大多数舰队可随时调往东方。我决定，我们对美国盟友的第一要求便是全面参与对日作战。打败德国后，皇家空军便立即调往东方战场。

陆战则复杂得多。中国战场每况愈下。蒙巴顿将军正被逼执行"首都"作战计划，进军缅甸中部，一来迅速打通滇缅公路，二来增加飞越喜马拉雅山的空运补给。另一个计划成效较为显著，即两栖部

队越过孟加拉湾，占领仰光，挺进内陆，切断日军与其泰国基地和交通线的联系，该计划又称"吸血鬼"计划。与此同时，我们在缅甸中部的军队可挥戈直下，与仰光登陆的部队会合。这样便有望肃清缅甸，协助我们进行两栖作战，进军苏门答腊。

然而，这些计划都需要大量的人力和物力。东南亚自身资源不足，唯一可供调集之地便是欧洲。登陆艇可从地中海或"霸王"计划调集，部队可从意大利或别地调集。这些人员和物资都必须迅速启程。现已9月，仰光距离河口四十海里，河流弯曲，回水区多，河岸泥泞，而雨季始于5月初。因此，我们必须最迟在1945年4月发动进攻。可是，我们现在就开始减弱欧洲力量是否妥当？

我绝不相信1944年能打败德国。我们确实连续七周左右获得了军事胜利，也解放了巴黎，肃清了法国多数地区的敌人，我们还会继续进军意大利。苏联虽然暂时停止了攻势，但随时可能再次进攻。不久，希腊将得以解放。我们几乎已经破解了希特勒的"秘密武器"，而他却还没有学会制造原子弹。基于以上事实及其他因素，我方整个军界都认为，纳粹不久将会瓦解。可是，我却不相信。我仍犹记1918年3月德军发动的猛攻。

因此，9月8日，我主持召开所有参谋长会议，会上我警告他们，制订任何计划时都绝不可把德军速败作为根据。我指出，德军已加强了西线抵抗，而美军却突然在南锡①受阻。我说，德军部队在多数港口都进行了有力抵抗；美军没有拿下圣纳泽尔；敌军正死守通往安特卫普的斯凯尔特河口两岸，而此地对我们尤为重要。

此外，我还琢磨着另一件事。我非常希望我军能比苏军提前进入欧洲中部地区。比如，匈牙利曾表示，他们打算阻止苏联前进，但如果英军及时抵达，他们愿向英军投降。如果德军撤离意大利或退至阿尔卑斯山，我殷切希望亚历山大能够跨过亚得里亚海，发动两栖战争，攻取伊斯特里亚半岛，赶在苏军前抵达维也纳。现在派遣他的部队前

---

① 南锡，法国东北部城市，位于洛林高原腹地。——译者注

往东南部似乎为时过早。帝国总参谋长同意绝不撤离亚历山大的部队，直到把德军赶到皮亚韦河①那边。届时，我们的战线会大大缩短，不到目前的一半。进攻仰光需要调集亚历山大统领的几个英印师，但是目前暂时只能调集其中一个。实际上，我不太满意这种预期结果。我得知，登陆伊斯特里亚半岛，我们要么借用原本派往太平洋的美国登陆艇，要么缩小法国战役规模，因为我们剩余的登陆艇都需要用来攻占仰光。登陆作战必须在 5 月雨季前完成，可如果我们在亚得里亚海使用这些登陆艇，那么他们将无法按时抵达仰光。

航行途中，经过了长时间的交流讨论，关于我们该对美国盟友说些什么，我们最后达成了共识。

*   *   *

9 月 10 日，我们在哈利法克斯港上岸，次日早晨抵达魁北克。我们的朋友罗斯福总统和夫人比我们早到一步，总统在车站欢迎我。我再次入住魁北克城堡，而参谋人员也再次入住佛拉特纳克别墅。

9 月 13 日周三早上，我们举行了第一次全体会议。我的随行有布鲁克、波特尔、坎宁安、迪尔、伊斯梅和莱科克陆军少将（他接任蒙巴顿担任联合作战部参谋长）。总统的随行有莱希②、马歇尔、金和阿诺德。唉，可惜这次没有哈里·霍普金斯。我离开英国前恰好收到他的一封电报："我虽然身体有所好转，但仍须静养。无数比我优秀的人都丧生于亚伯拉罕平原上的魁北克战斗中，故我认为，身体欠佳的我更不应冒险参加。"我当时并不知道他和总统的关系已发生了质的变化。我相信，很多人都很怀念他。

罗斯福总统请我率先发言。于是，我总述了一下战争概况，这是我在航行途中准备的。自从举行开罗会议后，我们所有的计划都实现

①　皮亚韦河，意大利东北部河流。——译者注
②　美国海军五星上将。

了。过去七周，我们连续取得军事胜利。自从召开德黑兰会议后，事态发展顺利，证明了计划出色，执行到位。先登陆安齐奥，后赶在执行"霸王"行动前夕夺取罗马，这前后衔接得天衣无缝。我祝贺美国参谋部出色完成了"龙骑兵"计划，俘虏已达八九万人，法国西部和南部也有序地展开敌军清扫行动。未来历史学家肯定会说，自德黑兰会议后，盟军作战机构成效非凡。

同时，令我欣慰的是，英国已抵抗六年，虽然总人口仅七千万人（包括领地和殖民地），但它仍保住了自己的地位。如果以战场上的部队数量来算，我们在欧洲的力量也不少于美国。事实确实如此。我引以为傲的是我们与盟友平起平坐。我方力量现已达上限，而盟友力量还在继续增强。艾森豪威尔将军已博得信任，他与蒙哥马利将军相处甚好，而蒙哥马利将军与布雷德利将军也关系融洽。比德尔·史密斯将军能力卓越，领导有方，管理出色。英美联合参谋机构已经建立起来，运作高效，作战也越来越顺利。

8月底，亚历山大将军在意大利展开攻势。自此，第八集团军已损失约八千人，第五集团军损失约一千人。第五集团军迄今没有参加过这样的大战，不过他们已做好应战准备。此次战役，大英帝国投入了最佳代表军队，总共十六个师，即八个英国师、两个加拿大师、一个新西兰师、一个南非师、四个英印师。我解释说，我曾担心亚历山大将军可能因基础设备薄弱而无法展开激战，但现在我知道了，联合参谋长委员会已同意不撤走他的一兵一卒，直到他打败德军或将其赶出意大利为止。

马歇尔将军证实该承诺有效。于是，我强调，按照上述情况，我们必须寻找新的训练场地，我们的军队绝不能无所事事。我说，我一直希望发动右击，在亚得里亚海地区给德军薄弱区刺上一刀。我们的目标是夺取维也纳。如果德军抵抗失败，我们便能更加轻松快速地抵达城市。如果德军继续抵抗，我建议通过夺取伊斯特里亚、占领利亚斯特和阜姆来援助这次行动。我欣慰地了解到，如果此次行动证实可行，美国参谋部愿意把目前参加法国南部战斗的某些登陆艇留在地中

海，以便援助这次行动进行两栖作战。发动右击的另一个原因是苏联迅速进入了巴尔干半岛。

* * *

接着，我回顾了缅甸战役。此次战役规模宏大，有二十五万人参加。英帕尔①和科希马②两地的战斗相当激烈。史迪威将军成功拿下密支那③，值得祝贺。我方此次死伤四万人，患病二十八万八千人。庆幸的是，大部分伤病员都已康复，重新回到了岗位。此次战役保证了通往中国的空中航线的畅通，也使印度免遭袭击。据估计，日本损失了十万人。缅甸战役是迄今规模最大的一次对日陆上战役。

我继续说，尽管取得了如此成绩，但是不可能无限期地进行缅甸丛林作战。为此，英国参谋部建议执行"吸血鬼"作战计划，夺取仰光。不过，目前召集所需部队并及时将其运送到东南亚，但在1945年雨季前攻下仰光仍有困难。欧洲目前局势虽然明朗，但还不允许我们撤走任何军队。我们需要尽可能地保持自由选择的权利，并为此全力以赴。

曾有是非之人造谣说，我们打败德军后不会加入对日抗战。其实，英国不仅不会逃避这个责任，反而非常愿意尽可能多地参与对日作战。我们完全有理由这么做。日本是美国的死敌，同样也是英国的死敌。英国在战争中失去了自己的领土，也蒙受了重大损失。我现在提议，英国主要舰队受美国最高统帅部指挥，参加主要抗日作战任务。我们应当建立一支威力强大、装备齐全的军队。我们希望到1945年底，这支军队能拥有我们的最新战列舰。同时，也应该建立一支规模相当的

---

① 英帕尔，印度东部与缅甸交界地区的一座边境城市，位于吉大港（今属孟加拉）通往印度东部阿萨姆邦的交通干线上。——译者注

② 科希马，印度东北部城市，有公路南通英帕尔，北入布拉马普特拉河谷，雨季道路常受阻。——译者注

③ 密支那，缅甸北部最重要的河港，是第二次世界大战时的战略据点。——译者注

辎重舰队，这样战舰便可长时间不依靠岸上的补给。

总统插话说道，我们非常欢迎英国舰队的加入。关于此事，他虽然没有提及事实，但却否决了金海军上将的意见。

我接着说，如果有需要，我们可以派出分遣队前往西南太平洋听命于麦克阿瑟将军。我们当然不会干涉他的指挥。皇家空军愿意参与轰炸日本的作战行动，为打败日本进一步贡献力量。我们可以提供一支大型轰炸机部队，与美国盟友并肩作战，直击敌军心脏。陆军方面，只要打败德军，我们大概可以从欧洲调集六个师前往东方，后面也许会再派六个。我方在东南亚有十六个师，或许也能抽调。我一直提倡进军越过孟加拉湾作战，收复新加坡，一雪前耻，因为新加坡沦陷既使英国付出了惨重的代价，也使英国威望扫地。上述观点并非一成不变。我们首先应夺取仰光，再审时度势。若将来有人提出更好的计划，我们定会采纳。我们的主要目标是，尽早集结大量军队来对抗数量庞大的敌军。

＊　　　＊　　　＊

总统感谢我做了发言，说英美两国每次举行会议都非常成功，两国的见解和基本看法日趋一致，令人非常满意。此外，双方一直都保持了真诚友善的态度。我们的战况越来越好，不过，仍然无法预测对德战争何时结束。显而易见，德军正在撤离巴尔干地区，有可能在意大利退至阿尔卑斯山。苏军正逼近匈牙利。德军虽然损失了不少物资，但善于撤退，故人员损失较小。如果亚历山大将军作战顺利，盟军很快便可抵达皮亚韦河。意大利的全部军队都应悉数出动，全力以赴。西线战场，德军可能会退守莱茵河，把右岸设为他们的西面屏障，成为一道难以攻克的障碍。我们须从东面或西面发动进攻，所以计划必须灵活多变。德军的力量不容小觑，也许还有一场硬仗要打。因此，对日作战行动或多或少取决于欧洲战况。

总统同意，一旦肃清缅甸战场的日军，就立即撤离盟军。美国计

划收复菲律宾，同时在菲律宾或中国建立前进基地，进而占领日本本土。美国的经验表明，采用"迂回"战术可取得显著效果。夺取拉包尔①就是采用迂回战术的一个成功战例，人员损失小，战果显著。他问，能否通过占领新加坡北面或东面的某个地区（如曼谷），来迂回包抄新加坡？他说，迄今为止，他对苏门答腊计划都不是很了解，不过现在该计划已取得了不错的成绩。

我说，所有这些计划都在审查中，会逐一进行排序。任何决定都需等到我们夺取仰光之后再来商量。还有一点不能忽视，斯大林在德黑兰会议上主动承诺，苏军打败希特勒后会立即对日作战。毋庸置疑，斯大林一定会谨遵诺言。苏联人肯定对东方野心勃勃。假如1月就打败了希特勒，那么日本将与世界三大强国对战，它定会再三思量是否继续作战。

我接着重申我方立场，请求允许英国舰队参与主要对日作战行动。

总统说："英国舰队无论何时何地加入，我都欢迎。"

金海军上将说，已经拟好一份文件提交给了联合作战参谋委员会，他们正在积极讨论这一问题。

我再次问道："英国舰队请求参战是否已获得批准？"

总统答道："是的。"

"你们是否也允许英国空军参与主要作战行动？"

这个问题没有得到直接答复。马歇尔将军说，他正和阿诺德将军商量，如何最大限度地使用飞机。"不久前"，他解释道，"我们极度缺乏飞机，现在我们有剩余了。如果贵方打算大量参与东南亚和马来亚的战事，难道你们不需要大量空军吗？波特尔计划轰炸日本，难道又另有安排？"

"另有安排。"波特尔回答道，"如果我们的'兰开斯特'式轰炸机能在空中获得燃料，那么它们的飞行距离就可等同于你们的'B-

---

① 拉包尔，西太平洋上俾斯麦群岛中新不列颠岛的港市，在日军战史中也被译为腊包尔。二战期间，它是美军和日军反复争夺的要地。——译者注

29'型飞机。"

我说，为了保持双方合作关系长远发展，英国应被批准参与对日作战，发挥其应有作用，这一点尤为重要。美国曾鼎力协助我们与德作战，那么作为报答，英国现在非常愿意竭尽所能帮助美国对抗日本。

*　　*　　*

会议结束后，我致电副首相及战时内阁。

首相致副首相及战时内阁：

    1. 会议已召开，氛围非常友好。双方参谋长意见几乎完全一致。亚历山大的军队不会减少，直到他歼灭或驱赶德军退到阿尔卑斯山为止。我们计划把地中海的所有登陆艇都用于亚得里亚海北部的两栖作战行动，诸如登陆伊斯特里亚、的里雅斯特等地。

    2. 如果战争相持不下，也无他人率先抵达维也纳，美方将完全同意我们进军维也纳。

    3. 登陆艇完成亚得里亚海的任务后，当然可以根据情况所需，任意调往孟加拉湾或更远的地方。

1944 年 9 月 13 日

我也给地中海的指挥官致电，让他们安心。

首相致威尔逊将军及亚历山大将军：

    1. 你们顾虑的所有事情都进行了一番讨论。亚历山大的军队不会变动直到歼灭德军。根据我们的情报，歼灭一事极有可能实现。

    2. 此外，金海军上将没有对地中海的登陆艇提出任何要求。美方同意，只要亚得里亚海北部进行任何切实可行的两

栖登陆作战行动，他们便愿意支援所需登陆艇。

3. 因此，请抓住目前的大好局势，大胆行事。若战争持
续很久，我们则进军维也纳，美国对此计划也毫无异议。我
方所有观点都得到了美方认可，着实令人心安。所以，我们
定要好好利用这些优势。

1944 年 9 月 13 日

*　　*　　*

随后几日，我与总统及其顾问进行了多次交谈。我抵达魁北克时，
意外发现，虽然国务卿和哈里·霍普金斯没有随行，但美国财政部部
长摩根索先生却随行而来。我很开心见到摩根索先生，因为我们急需
讨论在战胜德国后与打败日本期间，两国财政的规划问题。然而，总
统及其财政部部长却更关心战后如何处置德国的问题。他们坚持认为
军事力量取决于工业力量。我们看到，20 世纪 30 年代德国工业高度
发展，故其轻而易举就可武装起来，侵略邻国。因此，他们声称，像
德国这般大小的国家不需要如此庞大的工业体系，因为实际上德国无
论如何都可以养活自己。英国已损失了大量海外投资，一到战后和平
时期，英国只能通过大量增加出口来保持收支平衡。因此，无论是出
于经济原因还是军事原因，我们都应该限制德国发展工业，鼓励其发
展农业。起初，我极度反对这种观点。但是，总统和摩根索先生非常
坚持，经过多次询问，最后我们同意认真考虑此事。

我没有时间去认真研究其细节，但所谓的"摩根索计划"似乎从
这些构想中得出了一些超乎逻辑的结论。虽然它确实可行，但是以这
种方式来降低德国人民的生活标准，我至今都认为是错误的。不过当
时，德国的军国主义依靠德国工业对欧洲各国为非作歹，各国同意限
制德国发展工业，保持基本工业所需，维持与邻国相当的生活水平，
这样似乎也并非不合理。当然，上述内容都需要提交战时内阁进行认
真商榷。最后，战时内阁没有通过德国"经济田园化"这一主张，对

此我完全赞同。

＊　　＊　　＊

9月16日中午，我们举行最后一次会议。联合参谋长委员会现已向我和总统汇报完毕，但应总统之邀，莱希海军上将向我们逐段朗读报告。主要段落如下：

　　……

9. 最高统帅的总目标是全速进军，摧毁德国武装力量，占领德国心脏地区。他认为西线打败敌军的最佳时机就在进攻鲁尔和萨尔之时，因为他相信敌军定会集结剩余可用军队来守卫这些重要地区。第一个行动便是摧毁齐格菲防线，夺取莱茵河各个渡口。如此一来，盟军主力将在左翼。此后，他会妥善布局，直击德国腹地。

10. 我们已通过了艾森豪威尔将军的提议，并请他注意：

（1）除了南面进攻，从北面进军德国也有益处。

（2）必须在恶劣天气来临前打开西北部的港口，尤其是安特卫普和鹿特丹。

我对这些总目标没有任何异议，但读者可能记得，我们航行穿过大西洋期间，我曾向英国参谋长委员会提出质疑，德国是否会迅速溃败。我从这个角度也写了一份文件，发表于后面章节。龙德施泰特仍在继续反攻，而盟军渡过莱茵河至少还要六个月才能实现。

＊　　＊　　＊

意大利的作战建议如下：

11. 我们已研读了威尔逊将军所提交的战区作战报告。根据意大利目前的战况，他认为战事将如下发展：

（1）要么德军一举被歼。如此一来，我们便可迅速重新集结军队，一路往卢布尔雅那山峡追击（经过勃伦纳山口，越过阿尔卑斯山），留下一小支部队清除意大利西北部的敌军。

（2）要么德军有序成功撤退。如此一来，我们今年似乎只能清扫伦巴第平原的敌军，再无可能进行任何行动了。阿尔卑斯山地形崎岖，冬季天气恶劣，我们无法再大举进攻，只能等到1945年春天。

报告继续：

12. 我们已同意：

（1）绝不从意大利撤走主力部队，除非得知了亚历山大将军的进攻战况。

（2）关于是否撤离美国第五集团军一事，此事会结合下列因素重新考虑：一是结合亚历山大将军目前进攻的结果，二是结合意大利北部的德军撤退情况，三是结合艾森豪威尔将军的意见。

（3）通知威尔逊将军，若他计划把目前地中海的两栖舰艇用于登陆伊斯特里亚半岛，则需要尽快把计划书提交给联合参谋长委员会，最迟于10月10日提交。我们已照此通知了盟军最高统帅。

此处，我不得不留心一下报告的细节条件。不撤走主力部队直到亚历山大将军的进攻结果明朗。目前一切顺利，但是，能允许他的进攻战线推进到何处？比如，如果只允许他推进到里米尼防线，那么这个提议则无法接受。于是我说，我猜应该能允许他进军占领波河流域

吧。马歇尔和莱希一致说这正是他们的想法，此时我才松了一口气。

随后，我感谢金海军上将转借其登陆艇给我方进攻伊斯特里亚半岛。他再三强调他也需要这些登陆艇用于攻占仰光，所以我方必须在10月15日前想方设法进攻伊斯特里亚。

*　　*　　*

下一段陈述了我们共同提议在巴尔干半岛进行作战的计划。原文如下：

13. 威尔逊将军认为可以预测到未来的局势，的里雅斯特—卢布尔雅那—萨格勒布—多瑙河防线以南的大部分德军将会动弹不得，直到他们弹尽粮绝。如此一来，他们要么向我们投降，要么被游击队或苏军歼灭。我们发现，只要意大利战事持续下去，那么地中海将无部队可用于进攻巴尔干，除了：

（1）从埃及调去的两个英国旅。他们受命占领雅典地区，开展救济，维持法律秩序，建立希腊政府。

（2）亚得里亚海的少数陆军。他们主要用于突击行动，目前正积极地执行任务。

……

我们所有人都同意上述观点，无须进行修改或讨论。

*　　*　　*

太平洋作战计划特别侧重灵活多变。盟军海空力量强大，能保证军队无论在何地都可选择最佳路线，免遭重大伤亡。在东南亚战场，我们一致同意从北部陆路进军缅甸，同时进行两栖作战，攻取仰光。

我说："虽然我同意英国义务维护空中航线安全，取得中国陆路畅通，但是如果执行该义务过于劳累，那么我们便无法成功占领仰光，然而联合参谋长委员会和我都希望在1945年雨季来临前攻下仰光。"

报告的其余部分一致通过，很少需要讨论。打败德国后，预计需要十八个月来结束对日战争。

以下内容一句不漏地按照原文陈述。

33. 一旦瓦解了德军的有序抵抗，从军事角度出发，联合参谋长委员会认为不受苏联政府解除武装、管辖和维持秩序的那部分领土可以进行细分。

34. 为了解除武装，进行管辖和维持秩序：

（1）英国部队将由一名英国司令官指挥，占领德国莱茵河西岸地区，及科布伦茨—黑森—塞纳河至苏联占领区边界这条线以北的莱茵河东岸地区。

（2）美国部队将由一名美国司令官指挥，占领德国莱茵河东岸地区，科布伦茨—黑森—塞纳河这条线以南的地区和苏联占领区边界以西的地区。

（3）美国占领区司令官有权控制不来梅和不来梅港，并在其邻近地区设置军事集结区。

（4）此外，美占区还有权通过西部、西北部的海港及英占区。

（5）日后，上述粗略描述的英美占领区可进行精确划界。

*   *   *

9月17日，周日，我携夫人和女儿玛丽乘火车离开魁北克，前往海德公园拜访总统，进行道别。

9月19日，我在海德公园举行午宴，哈里·霍普金斯也出席了。

显然，邀请他是为了让我高兴。他向我讲述他目前地位已有所改变，已不受总统宠信。午餐时，他晚到了几分钟，总统居然连招呼也没有和他打，这真是令人奇怪。值得注意的是，在霍普金斯似乎开始恢复昔日影响力之时，我和总统的关系明显日益亲密，我们的工作也进展得更为迅速。这两天我们似乎回到了昔日的时光。霍普金斯对我说："您要知道我已今不如昔了。"唉，他当初实在是太过忙碌，纵使精力充沛，也不堪如此负重累累。

晚宴结束后，我动身前往纽约，次日早晨登上了"玛丽皇后"号，返航一路平安。9月25日，我们抵达克莱德河，立即乘火车返回伦敦。

附 录

首相发出的指示、备忘录和电报

1944 年 6 月

首相致陆军大臣：

请列出所有在陆军部队服役的精神病科医生的名单（包括所有相关附属人员），并制成报表送呈给我。

1944 年 6 月 1 日

首相致空军参谋长：

5 月 17 日的来函和照片已获悉，不胜感激。照片是用最新改良的摄像机从空中拍摄的，说明技术显著提升了。我希望能大量拥有这些特制的照相机，用于军事行动。

彻韦尔勋爵也给我看过一张夜间照片，拍摄技术相似，但影像非常清楚，远胜过我以前看过的任何夜间照片。毋庸置疑，敌军大多夜间行动，故我们需要为此提前准备好这类相机。

1944 年 6 月 5 日

首相致陆军大臣及帝国总参谋长：

前天召开内阁会议，会上我们得知，陆军目前迫切需要兵员补给，所缺多达九万人，少了足足五个师。你们这样削减部队数量，难道不知道会带来什么后果吗？例如，配合这五个师的集团军和直属部队人数就多达十万人，这些人该如何安排？而把他们重新训练为步兵，所花的时间肯定比新兵或空军运来的青年所需要的训练时间都少吧？组编一个新的师，大约需要四万名士兵。然而，如果重新调配现有的部队，那么平均每个师仅需一万八千名士兵即可。正是因为你们消减部队数据的做法，使得我们很难帮助你们维持陆军兵员了。

目前国内拥有超过一百六十万男丁。即使部队渡海而去，国内也还剩下很多男丁供你们选拔，理应可以补足所缺的九万兵员。

然而，上述内容并不是说我将减轻对空军联队、海军陆战队或其他部队的压力。不过，如果向内阁汇报说缺少了九万兵员就相当于损失了五个师，那么内阁是绝对不会接受的。

1944 年 6 月 6 日

首相致生产大臣、海军大臣、陆军大臣及军需大臣：

听闻"桑葚"生产计划如期完成，我倍感欣慰。此乃大功一件。5 月 23 日，"不死鸟"完成了最后一道工序；次日，最低配置的"鲸鱼"也已完成。所有设备现已移交海军部，并在集合区配备完毕，等候作战指令。

生产这种新式精密设备，运送至最后的组装地点，再运送到集合区，每项任务都很艰巨。我认为，此项工作得以顺利完成，应该对所有相关部门表示感谢和祝贺。

1944 年 6 月 7 日

首相致生产大臣、海军大臣、第一海务大臣、军事运输大臣（外交大臣一阅）：

鉴于"霸王"轰炸行动中的损失小于预期结果，我希望你们七月能安排一个护航运输船队前往苏联。并且之后要定期行驶，此后只要美国或我国按照现有议定书派送支援物资，护航运输船队都应该护送。

目前来看，我们应该重订议定书了。

1944 年 6 月 7 日

首相致生产大臣和爱德华·布里奇斯爵士：

"霸王"行动的安保限制森严，其中沿岸的三十英里禁区最为繁琐和恼人，应立即废除。此事不宜过于声张，应尽快不动声色地就地执行。如能逐渐消除禁令，那便再好不过了。

通常情况下，从 D 日（反攻日）的第七日开始，外交禁令便可私下悄悄撤除。但是，决不允许撤除对爱尔兰的禁令，除非情况特殊。另外，我同意等到 D 日（反攻日）的第十二日后，再与盟国远征军最高统帅部讨论其他禁令的撤除。

1944 年 6 月 10 日

首相致财政大臣：

工作人员草拟了一份 1944 年下半年兵员状况的备忘录，详情请参阅附件。请你们重新召集去年十一月份研究这些事宜的各部委员进行讨论，并拟定一份计划上交给战时内阁。拟定的计划需基于以下几点：

欧洲战争将持续到 1945 年上半年，我们当前拟定的计划须以此为基础，并且我们也不能猜测此后战争就会结束。1944 年 8 月底左右，局势可能会比较明朗，但就目前而言，最好进行短期调整。

依我来看，七八月份时，陆军兵员人数会暂时增加（如每月增加一万五千人，而非六千人）。这种兵员应从其他兵种补充，不能占据军火部和其他重要部门的名额。

我认为不能同意军需部要求增加人员分配额的请求，军需部需按照指令进行分配。

目前仍短缺十万劳动力，可从海军部和飞机生产部的工业人员以及民防部里进行调配，也还可从各种工业领域和其他地方进行调配。

至今，"霸王"行动的伤亡人数小于预期损失。故请把该因素也纳入你们的计划当中。

1944 年 6 月 15 日

首相致爱德华·布里奇斯爵士和伊斯梅将军，转参谋长委员会：

所有计划前往诺曼底的部长不管出于何种目的，都应提前向我请示。我会和艾森豪威尔将军商量决定。除非获得艾森豪威尔将军的同意，否则其他人不得前往。

请将此事告知一切相关人员。

1944 年 6 月 18 日

首相致莫顿少校：

稍后请提醒我在法国建造通讯员招待所一事。在上次战争中，这样的招待所既能接待来访的贵宾，陪同他们前往恰当的前线地点；又丝毫不影响前线指挥所或总司令的工作。请整理一份关于当时建造的那所别墅的报告。内维尔·利顿少校曾在此项工作中起了重要作用。另外此事还可咨询新闻大臣。

1944 年 6 月 22 日

首相致海军大臣及第一海务大臣：

请立即向我汇报你们计划采取何种措施维持轰击舰队。只要"沃斯派特"号还能行驶和开炮，当然应该继续使用。我猜测，"马来亚"号已经准备妥当，只等接收"沃斯派特"号的机件了，还是说它已经配备齐全了？使用十五英寸口径的大炮比使用十六英寸的更有优势，因为十五英寸大炮的弹药、替换炮架以及炮筒都存货充足。据我所知，你们现在正使用"复仇"号和"坚决"号来充当练习舰，可它们应当发挥更大的作用。我们急需维持我们的轰击舰队，也许需要用它们来对付瑟堡，将来也肯定需要用它们来掩护解放部队的两翼。

英国舰队参与了"霸王"行动，请向我汇报预期损失和实际损失。

请汇报"纳尔逊—罗德尼"级和"马来亚—拉米伊"级战舰的弹药储备量，以及"马来亚"号和"拉米伊"号重装炮管的情况。十五英寸的大炮从一只舰船转移到另一只舰船需要用时多久？战争正值高潮，急需使用各种战舰或战舰的军备和设备，此时使用这些战舰当作练习舰，这种做法肯定不正确。

此前我就一直希望能得知袭击舰队的补充情况。现在我准备向美方提提意见，不过，我们自己得先把一切安排妥当。

1944 年 6 月 22 日

首相致第一海务大臣：

请立即向我汇报人造港的情况。最近天气恶劣，它们如何抵挡？施工拖延了多少？在装运途中或其他状况下，我们损失了多少机件？我们是否有备用机件？

盼复电。

1944 年 6 月 22 日

首相致伊斯梅将军：

听闻陆军部发布了一份通报，但是大家对其中一项内容心存疑问，即欧洲沦陷区的海港交还给各盟国政府以前，我们能否摧毁各港的德国潜艇和鱼雷艇？

我们当然不能因急欲从事爆破工作而影响了战争的进程。但是，我们当然有权利在空闲时去处理这些危及安全的东西。各盟国政府无法保卫本国，这使我们身处危险之中；为了解放他们，我们牺牲了无数将士。而他们此时站出来反对，这实在让人无法容忍。

请向我汇报参谋长委员会的意见。

1944 年 6 月 23 日

首相致霍利斯将军：

我认为不能轻易撤走波兰伞兵旅，他们留在波兰比他们实际的军

事力量更有价值。我希望在派遣该旅前往法国驻扎之前，能把这些意见转达给艾森豪威尔将军和蒙哥马利将军。

1944 年 6 月 23 日

首相致霍利斯将军：

您对 1944 年 8 月前抵达英国的美军情况做了分析，我不胜感激。

对于美方的安排，我非常不满意。我希望美方多派遣一些作战部队，而少派一些辅助部队。比如，我发现，美国陆战队和集团军直属部队的总人数（十三万一千二百四十三人）超过了各师的总人数（八万七千六百八十九人），多了四万三千五百五十四人，这让我很震惊。后勤部队占总数的五分之一，他们的主要职责何在？"编外人员除外"这个名词到底所谓何意？编外人员数量是多少？

1944 年 6 月 29 日

首相致外交大臣：

我主张对有关巴勒斯坦的事务暂不作出任何决定。英国政府在《贝尔福宣言》中承诺支持犹太复国主义者。1921 年我在殖民政府也发表了补充声明，大家都知道我不会违背这一承诺。这一政策未经内阁充分讨论商量，不许更改。目前内阁处理的事情较少，不难找到商讨此事的时机。

1944 年 6 月 29 日

1944 年 7 月

首相致内政大臣：

空袭警报的使用急需重新做研究。不可否认的是，它的确引起了很多不必要的骚乱。广大民众只听到警报，却从未听到或看到过炸弹。城乡情况完全不同，尤其是炸弹多发区（我上周五曾经待过）。这里，"警报"和"解除警报"的信号几乎持续不断，中间或许只间隔了一

刻钟。

我们应该回答下列这个问题，我们希望各色人等听到警报后作何反应？我们是否希望农夫停止耕地，店主躲到地窖里？聚集的人群立即消散？我们到底希望人们作何反应？如果警报前后人们所做的事情毫无差别（目前大家几乎就是这样），那拉警报的意义何在？旧式的空袭地点飘忽不定，时而这里，时而那里，遍及全国，当时警报的作用非常明显，为此也应该保留警报。

我曾从窗口观察过公园里的人，看看他们听到警报后作何反应，结果他们都无动于衷。哪怕是下一阵小雨，他们都会散开，但是听到危险警报后，他们却置若罔闻。大多数情况下，炸弹落下来时也无法就地发出警告，即使能做到，我也不知道白天人们能做些什么。晚上他们可以躲到最安全的地方，忘掉烦恼。在那里，他们就不需要警报来烦扰他们的美梦。

今日下午我前往几个事故地点进行了考察。有一处，空袭炸弹大多落在距防空洞四五十英尺远的地方。我询问防空洞里是否有人，他们告诉我里面挤满了人，正因如此，伤亡人数极小。防空洞里无人受伤。但是其他地方则情况不同。请向我汇报伦敦防空洞及其使用情况。有多少防空洞提供住宿？有多少防空洞正在使用？我得知您已适时开始加强街道防空工作，希望能有显著效果。

1944 年 7 月 1 日

首相致主计大臣：

我不赞同以下这点。（意大利）伤亡总数是按照多个不同日期进行排列，或从 1943 年 9 月 3 日算起，或从 1944 年 1 月 22 日算起。每周把当周的伤亡人数添加进去，从而得出累计总数。这些不是我们想要了解的，我们想要了解当周死亡、受伤、失踪的具体人数，然后根据总人数来衡量战况。按照目前的情况，每周计算出英军、美军及其他军队死亡、受伤、失踪的总人数，然后拿这个总数减去上周汇报的总数。这种做法当然可行，但是为何一定要如此呢？陆军部为何一定要我们如此计算？我们所需的无非就是列出各军各国的死亡、受伤、失踪的总数，然后把每周或每两周（哪个都行）的数目列在页面下方。我当然无法接受目前的这种编排。请协助我做好下一步的进攻准备工作。

1944 年 7 月 3 日

首相致伊斯梅将军，转参谋长委员：

我不同意就这样解散波兰第二师。他们仅有的几个师体现了波兰人的生命力。他们不应该被当作普通的补充人员。不如派这个波兰师前往意大利与其他两个波兰师会合，在那里，他们既会受到欢迎，又会增强军队的整体战斗力，这样岂不是更好？我不打算同意盟国远征军最高统帅部的提议。

1944 年 7 月 5 日

首相致伊斯梅将军：

我兴致盎然地读完了比德尔·史密斯将军所写的兵力集结计划书，请您替我转达谢意。

从 D 日的第九十天起至第一百二十天的这段时间里，美军竟然没有增加部队，而从 D 日的第九十天起至第一百五十天的时间里，我们只增加了四个师，这种情形当然比较严重。不过，正因如此，我们更有必要拿下圣纳泽尔和勒阿佛尔这两个港口，发展壮大小型港口，保留可大大提高小港效率的登陆艇。

我们得悉，美军有四十多个训练有素的师。我们现有或潜在的兵力较小，除非苏联战线或德国战线全线崩溃，否则我们要想穿过法国去进攻德国，还需要一支更加强大的军队。

这就是我反对把坦克登陆艇从主战场派遣到法国南部边远战区的主要原因。我认为，我们的主要目标是打开法国港口，使其得到充分利用，或是扩大余留的人造港，以便强大的美军可以使用。如果有人敢说此地现有的军队力量已经强大到足以发动进攻的地步，那我只能

说他实在是胆大无畏。最重要的事就是协助美军横跨大西洋直接登陆。要想实现这一目标，就只有充分使用上述两个港口以及瑟堡。

我读完比德尔·史密斯将军的计划书后，已初步有了自己的想法，不过我还要保留计划书以便作进一步研究。

请陆军部向我递交一份类似的兵力集结计划书。

1944 年 7 月 5 日

首相致伊斯梅将军，转参谋长委员会：

现在我们要争取一个明确表态，这样亚历山大就能知道自己的力量有多大，我们也能知道我们有权给予他什么样的军事装备。他们的七个师（三个美国师和四个法国师）就交给他们指挥吧，他们所能得到的登陆艇也交给他们独用。不过，至少给我们英国一次机会，完全由英国司令官指挥英国军队进行一次重大的战略性反攻。这一点上我势必要坚持，绝对不会向任何人妥协。亚历山大还有仗要打。如果美军撤走剩下的两个师，那么我要求您从英国派遣第五十二师前去填补。我希望您能意识到，我们必须要让美军认识到我们受到了不公平待遇，我们很愤怒，决不能让任何花言巧语掩盖了这个事实。不久我们将会合作，但如果我们事事都俯首帖耳，那以后像这样的强加之事将会无休无止。

1944 年 7 月 6 日

首相致陆军大臣：

为什么第三十六印度师会包含两个英国旅？世上值得称赞的谦卑之事不计其数，但把一个英国师称之为印度师，那我们真是谦卑到尘埃里去了。如果他们是英国部队，那就称之为英国部队。

1944 年 7 月 7 日

首相致飞机生产大臣：

您在 6 月 5 日的备忘录中提议由一人领导开展喷气推进研究工作，

这样便于从政府机制内外听取最佳意见。该函已悉，非常感谢。

研发工作如果过度集权，则风险较大，而您这一举措似乎就有这种风险。但如果您极力主张，那便由您做主。

如您所知，我对喷气推进问题一直兴趣浓厚，如果您能每两个月向我汇报一下工作进展，那我将不胜感激。

1944 年 7 月 8 日

首相致陆军大臣：

有关陆军精神病服务站一事。

我很高兴收到您的报告。您在报告中说经费不足，我想知道经营这样一个服务站需要多少经费。我认为可能需要两千人以上的军医、护士及从属人员。

1944 年 7 月 10 日

首相致第一海务大臣：

上次世界大战，我们曾研发了大量潜艇防御网，该网轻便，上有浮标，下可裹住潜艇。我们能否稍作改进用以对付人间鱼雷①。当然了，这些轻型防潜网可以撒在港口周围，上设浮标，这样既可避免妨碍航行，又能发出警告作用的浮标或信号弹以备反攻。

1944 年 7 月 10 日

首相致第一海务大臣：

请向我简短汇报一下卡昂港的容纳量情况。

我现在看到的数据远大于之前提到的。

1944 年 7 月 10 日

---

① 人间鱼雷，又称自杀式鱼雷，是一种由蛙人直接操纵装有推进器的鱼雷或携带水雷的潜水器，操纵者控制装有微型马达或引擎的鱼雷偷偷接近目标，袭击对方军舰。——译者注

首相致爱德华·布里奇斯爵士：

　　您在（战时内阁举行会议讨论成立一支犹太族战斗队伍）这份报告中说道，决定重新考虑部队一事。我当然对此十分理解，也大力支持成立一个旅。不过，每当陆军部宣布要认真研究一件事时，这就意味着他们要弃之不顾了。因此，本周初期的战时内阁会议必须解决此事。我对此事持反对意见，这应该提前告知陆军大臣，再抄送一份韦兹曼博士的复信给陆军部。

1944 年 7 月 10 日

首相致伊斯梅将军，转参谋长委员会：

　　土耳其需要保卫君士坦丁堡，因此请务必把那套小型雷达设备和一两个夜间战斗机中队交给他们。如需帮忙，请尽管开口。此事紧急。

1944 年 7 月 11 日

首相致外交大臣：

　　毋庸置疑，这件事情（敌军迫害匈牙利的犹太人并驱逐其出境）是人类史上规模最大、最惨无人道的罪行。这些犯罪者大多是来自科学机构的文明人士，高呼他们来自伟大的国家，是欧洲众多民族的领导者。很显然，如果这些犯罪者落入我们手中，凡是参与此事包括奉命执行屠杀的人，一经落实，一律处死。

　　因此我认为，这种犯罪者绝不能同某一集中营的犯人食宿不佳等寻常问题相比。依我之见，此事无须谈判。我们应该公开发表宣言，通缉所有相关犯罪者并处以死刑。

1944 年 7 月 11 日

首相致陆军大臣：

　　7 月 4 日韦兹曼博士来信请求成立一支犹太战斗部队，详情请阅抄件。我想早点给他复信。我知道，您希望先参考威尔逊将军和佩吉特将军的意见，再向战时内阁递交成立犹太旅的计划。此事已经讨论有数日，如您能在下周初向内阁提交一份个人计划书，我将不胜感激。

1944 年 7 月 12 日

首相致陆军大臣：

我出自牛津郡轻骑兵团，至今仍是该团的名誉团长。我从他们那里收到了一则令人不安的消息。表面上，他们的职责是为第二十一集团军选拔人才，收容伤兵和受训人员。实际上，这意味着他们永远不能参与战斗，直到人员散尽，徒留空壳。该团历史光辉，战绩辉煌，却得到如此不公待遇，这似乎有失妥当。他们理应得到奋勇杀敌的机会，对么？

请调查此事，然后告诉我是否有补救方法。

1944 年 7 月 13 日

首相致外交大臣：

我们不该忘记我们和法国都曾允诺帮助叙利亚和黎巴嫩人民取得独立。我认为这种承诺常常意味着，我们在伊拉克享有的地位和权益，法国在叙利亚和黎巴嫩也能同样享有，但也仅此而已，再无其他。这一点我们决不能食言。

1944 年 7 月 13 日

首相致空军大臣：

请您留意一下德国飞机投放的烈性炸弹的重量，并比较一下英美空军在德国投放炸弹的重量。

我们许多人一直困惑不已：德国无人飞机在伦敦上空投放的炸弹大约只有三四十吨（包括容器在内）就能有如此大的破坏力；而我们在柏林和慕尼黑投放的炸弹何止五十吨，简直有两三千吨，但是为何德国人却能平安无事？您应该亲自带领部分专家前往某些事故地点进行调查研究，找出原因，为什么德国飞机只使用了少量炸弹就能造成如此巨大的破坏力，效果比我们在德国投放的等量炸弹强八倍、十倍。

请空军上将哈里斯也对此发表见解。他们一直声称德国遭到严重摧毁，但是为什么英国受损如此严重，我们猜想，汇报是否与德国的实际损失不符？

1944 年 7 月 13 日

首相致外交大臣：

犹太人逃出希腊一事需慎重处理。为了躲避德国人的杀害，那些犹太富人很可能付出了巨额钱财。我们当然不希望这笔钱落入希腊"人民民族解放军"之手，可我们究竟为何要与美国争论此事？如果我们阻止犹太人逃离，即使是犹太富人，那么我们就要承担重大责任了。我知道现在流传着一种说法，即不管哪里的有钱人都该处死。可如果我们目前也采取这样的态度，那实在令人惋惜。毕竟，他们为了获得自由已经付出了极大的代价，往后肯定会沦为穷困之人，因此，他们应该享有人的基本权利。

1944 年 7 月 14 日

首相致陆军大臣：

"霸王"行动的初期需求已经得到满足，安全隐患也已消除。因此我希望，意大利的军队能获得一批数量相当的最新装备，比如发射十七磅重炮弹的"谢尔曼"式坦克、"丘吉尔"式重型坦克、喷火器、特种突击车辆以及弹药。

请汇报一下您已做了哪些部署以及目前有何计划。

1944 年 7 月 14 日

首相致伊斯梅将军和佩克先生：

我希望，在符合军事安全的前提下，每月能定期公布自（诺曼底）军事行动以来的英军伤亡人数，与盟军每两周公布一次的伤亡人数同期进行即可。虽然加拿大的伤亡人数被单独列出，但我坚持认为这应该计入英国伤亡人数之中，否则可能被纳入美国伤亡人数之中。

此事攸关帝国利益，需要提交给自治领局商议。

如果加拿大的伤亡人数直接或间接纳入了美国伤亡人数，使得公布的英国的数据比实际伤亡人数少，那将是极大的错误。当然，如果出于军事安全考虑，随时可停止公布伤亡人数。

我相信美国很快将要求公布美军伤亡人数，按照目前情况，美军伤亡人数远超我们。艾森豪威尔将军心胸宽广，要求只公布"盟军"伤亡人数，如果这个计划能够通过并持续数月，无论如何我都会同意。但是，我认为此事不太可能。

不过，我希望此事能够谨慎处理。时间还算充足，我想也许我得亲自找艾森豪威尔将军谈谈。

1944 年 7 月 16 日

首相致海军大臣及第一海务大臣：

现在似乎流传一种观点，即战胜希特勒后，我们的海军将仍保持目前的实力和兵力。我认为，最好还是让你们大致了解一下总体情况，以便你们进行商讨。美国已经赶超日本，美日两国实力之比为二比一。我们当然应当派遣一支强大的舰队，并配备现代化的军舰、必要的补给舰及附属船只。然而我猜想，对日作战期间，第一项决议案通过的作战人数不会超过四十万人；对日作战结束后，您需将海军实力至少恢复到战前水平。

1944 年 7 月 17 日

首相致内阁秘书和伊斯梅将军：

请通知三军部门及邮政大臣每周向我汇报：诺曼底海陆空三军与英国通信时平均需要用时多久。

1944 年 7 月 25 日

首相致海军大臣：

各方消息汇报称，海峡对岸的海军和祖国之间的信件延误情况异常严重。目前，陆军方面的情况已有所改善。鉴于两岸船只往来频繁，此事应该非常容易解决。请汇报你们过去和目前的情况以及您计划如何处理此事。

此函还抄送给了邮政大臣。

1944 年 7 月 26 日

首相致内政大臣：

我同意这份报告（关于建立导弹危险警报机制的会议），但有以下几点建议：

1. 这种办法无法通用，但如果情况和条件允许，会逐渐推广。对此，应该说明清楚。

2. 对"特殊人群"，如公共汽车司机及其他司机，必须给予明确指示。公共汽车司机隶属军事运输大臣管辖。我们不能指望每个公共汽车司机自己去解决这个难题，尤其是有时乘客们或许还不认可他的解决办法。请在一张纸上清楚写明：遇到各种危险情况时，司机该如何处理。这件事可以轻易办到。我倒认为，原则上凡是到了可以掩护公共汽车的地方，司机就该停车，疏散车上乘客。一辆公共汽车，四面都是玻璃，车上又装满了人，如果遇到了这种轰炸，那后果简直不堪设想。

3. 不管你们发出何种信号或必要时发出命令，你们都应当对公众阐明清楚，告诉公众你们认为的最佳解决办法。我曾阅读过几篇关于这类主题的文章，写得非常好。您现在经验比较丰富，自行来决定这些指示内容，不过城里应写得详细一些，村里则可简单一些。

1944 年 7 月 26 日

首相致陆军大臣：

1. 我基本同意您的提议（建立犹太作战部队），但我认为，该旅应尽快成立并派遣到意大利，日后再逐渐派遣其他部队前去，组成一个旅团。

2. 组建犹太部队去中欧对抗杀害他们同胞的凶手，我觉得这个想法甚好，我估计美国也会觉得不错。

3. 我想到了以下几点细节：

（1）我认为，即使军情紧急，该旅也不能先于其他中东部队遭到解散。相反，由于它代表性强，所以只有情况非常危急时才能解散它。

（2）我相信，犹太人非常愿意去攻打德国人，不管这些德国人在什么地方。他们与德国人有不共戴天之仇。我们没有必要让人认为，陆军部队深谋远虑，可能会派遣犹太部队前去攻打日本人，否则就不需要成立该旅。

（3）当然了，英军麾下任何部队的解散和处置都需要从军事和政治方面考虑。这样一支队伍，当然很可能是从政治角度考虑他们的去留问题……

（4）我会和英王商量（这支部队应拥有一面自己的旗帜的提议）。犹太民族流离失所，此刻又饱受灭族之苦，现在他们只求一面旗帜，我想不出任何理由来拒绝。不过，英王和内阁可能有自己的看法。

4. 若我能前往意大利，我会和威尔逊将军详细商讨此事，也很可能去拜访佩吉特将军。同时，请您根据提议书开始各项准备工作，并与犹太人代表进行洽谈。请记住，此事的目的是鼓舞人心、表达正义，美国肯定也会大力支持。如果拟好了任何通告，请给我看一看。

1944 年 7 月 26 日

首相致海军大臣及第一海务大臣：

7 月 17 日我给你们发了一份备忘录（关于海军人力），除此以外，你们还应该自己制订一份计划，假设战胜德国后，十二个月内我国海军人数减少到了四十万人，在此前提下该计划要说明该舰队所能维持的规模。您应基于这个假设，详细说明维持本国和远东舰队的所有细节，并比较此时与 1939 年战争初期完成动员工作时的船舰和人员数量。

1944 年 7 月 29 日

首相致陆军大臣及帝国总参谋长：

1. 上周蒙哥马利将军告诉我，牛津郡轻骑兵团和其他历史悠久的义勇骑兵团现在仅作为收容所。我曾指示过您，我们国防体系中存在一些永久性部队，这些部队不能轻易摧毁，这一点非常重要。

2. 蒙哥马利将军向我提议，前线"战时部队"和战时募集部队所剩无几，到了不得不解散时，该部队应遣送回国成为部分补充兵员，而把目前已经过充分训练的永久性义勇骑兵团派遣出去代替它。实际上，他们目前接受的是炮队或反坦克队的训练。我认为这个建议非常合理。

3. 7月18日的来函已悉。您在信中说道，目前不打算从牛津郡轻骑兵团中抽调人员。那么，您是否考虑过从格洛斯特郡骑兵团和其他类似部队里调兵？无论世事如何变化，历代以来这些部队一直都是军事体系中的固定成分。是否有其他办法安排这些部队？希望您能给我一份名单。

1944 年 7 月 29 日

首相致内政大臣：

7月28日您呈交的备忘录（关于建立导弹危险警报机制的修订草案）已获悉。

我认为新添的那段文字经不起推敲——公共汽车司机自行判断。政府相信人民会做出明智决定，但如果司机和乘客各执一词，这种情况怎么办？我们当然可以提供更加明确的指示。车上乘客该如何劝说司机接受其明智判断？周一举行内阁会议时，您最好把这个问题提出来。

其他提议我基本同意①。

1944 年 7 月 29 日

----

① 参阅 7 月 26 日致内政大臣的信。

1944 年 8 月

首相致第一海务大臣：

陆军西翼的海军此刻正在忙些什么？我本以为，他们会活跃于布雷斯特半岛的大西洋沿岸，驱逐所有的敌军船只，切断海峡群岛的粮食通路，防止德国守兵逃脱，准备在基伯龙湾或其他地方与美军前进纵队联手抗敌。不久，我们攻占海港或海湾之后，就可以建立鱼雷艇或驱逐舰基地，这样则可以控制布雷斯特半岛周围的水域，在很大程度上辅助陆上部队作战。按照目前的情况，这支海军除了负责东北侧面的安全以外，似乎就没有其他任务了。布雷斯特半岛是块可以大展拳脚的好地方，这种好事拉姆齐上将肯定不嫌多。

等我收到您的回信后，我会和艾森豪威尔将军商讨此事。别和我说艾森豪威尔将军别无所求，这种说法没用。他目前正忙于陆战，对海上战事知之甚少。我相信这种机会稍纵即逝。

我随时都欢迎您来找我商讨此事。

1944 年 8 月 4 日

首相致生产大臣：

我已获悉您关于导弹袭击影响伦敦生产的报告，不胜感激。工时大大缩减，尤其是无线电工业，如果继续持续下去，后果不堪设想。得知您和劳工大臣正想方设法地想改善当地警报系统，提高工厂在空袭预警方面的工作效率，我非常高兴。我希望，经过您的不懈努力，再加上最近空袭减少，情况很快会得到改善。

请您每两周定期向我汇报。

无线电生产工业可以逐步移出伦敦。

1944 年 8 月 4 日

首相致外交大臣：

此事（匈牙利犹太人一事）似乎非常蹊跷。这些不幸的家庭里大都是妇孺，她们或许耗尽了家财来换取性命。我不希望别人以为英国有意追捕她们。如有必要，请务必通知苏联人，但我们绝不能阻拦她们出逃。

我不明白为什么任何和平洽谈都会和此事扯上关系。

1944 年 8 月 6 日

首相致伊斯梅将军，转参谋长委员会：

我们不同意就"龙骑兵"和"霸王"作战行动的关系而言，把前者称为"主要作战行动"，因为如有必要，我们可以舍弃亚历山大将军的部队及其成绩。这支军队在撤走法国部队和半数美国部队后，目前仍有二十个师，其中十六个师是英国师、英帝国师或受英国指挥。我们绝不承认这支部队次于"龙骑兵"，或说"龙骑兵"在基础需求上拥有优先权。

此外，我们目前尚未充分讨论战略策略，所以我们决不同意说，比起其他部队进军的里雅斯特，亚历山大将军向西推进会更加合适，因为届时我们会联合铁托元帅领导的南斯拉夫游击队在伊斯特里亚半岛开展军事行动。显然，不同的人对此事有不同的看法。这些不同意见只能通过双方参谋长和双方政府首脑举行会议来解决。

1944 年 8 月 10 日

首相致帝国总参谋长：

第六警卫坦克旅为何会没有配备"丘吉尔"式重型装甲坦克？那些重型装甲坦克都去哪了？请给我一个答复。

1944 年 8 月 10 日

首相致陆军大臣和帝国副总参谋长：

克拉克将军向我汇报，大约六个月前他曾向陆军部提议派遣两千名本土防卫妇女辅助服务队队员，这样便可接替盟军总部及其他后勤工作的男子，更便于男子参与作战。但是，目前只派出了二百十五名。

若亚历山大将军急需支援，我们必须采取一切措施给予满足。

在这方面，美国比我们更懂得发挥妇女的作用。

1944 年 8 月 18 日

首相致陆军大臣：

听闻《大陆日报》的总经理打算在法国重新办刊，希望我们能给予便利条件，而且盟国远征军最高统帅部已经同意了这个申请。如果此事能成，我也希望看到《每日邮报》及其他拥有相同意愿的伦敦报纸能发行大陆版并远销法国。不过，关于新闻用纸的分配问题，还需先获得报业公会的同意。如您不反对此事，我希望您能和他们接洽一下。速办。

1944 年 8 月 18 日

首相致外交大臣、海军大臣及陆军大臣：

陆军部递交了一份报告，里面指出，我们无法在盟国政府移交占领区给当地政府前摧毁内港里的德国潜艇和鱼雷快艇。应我请求，参谋长委员会已经商讨过这份报告了。

我们的政策当然是尽快移交占领区的管理权给当地政府，因此，我们很难在移交前将其摧毁。

不过我相信，我们肯定会告知相关政府（即法国民族解放委员会、挪威、比利时及荷兰政府），我们交还占领区，但会继续保留所有敌军军事设施的控制权，包括潜艇和鱼雷快艇，直到完全拆除或摧毁。我希望陆军部和海军部能进一步进行调查并做出汇报：能否把这件事交给承包商去完成。

1944 年 8 月 18 日

首相致伊斯梅将军：

摧毁德国最高统帅部的最佳方法就是列出一份战犯名单，如若这些战犯落入盟军之手，当即处死。这份名单无须超过五十或一百人（不包括地方战犯的惩戒）。这样，我们便可把名单上的人和其他人区分开来。当前，所有德国领导者唯一关心的是如何奋战到底，希望自己成为那个最后倒下的人。我们要清楚地告诉德国民众，希特勒、戈林、希姆莱及其他战犯必将遭到毁灭，但民众则完全不同，这一点至关重要。

1944 年 8 月 23 日

首相致外交大臣：

关于您发给华盛顿的电报（建议外交大臣进行会晤以讨论未来的世界组织一事），我当然同意我们在伦敦举行这样一次会议，刚好也轮到我们了。我希望法国暂时先不参加会议，除非他们扩大了政府。法国的解放速度十分迅猛，很容易产生我们认可的全国性政权。鉴于法国大部分地区已经解放，此事不宜再耽搁。

1944 年 8 月 23 日

首相致海军大臣和第一海务大臣：

海军及在海军服役的商船队的邮件传递距离短，但用时却很长，简直比陆军和空军的邮件都耗时，这真不是一件光彩的事情。这不仅仅丢了邮局的脸，也丢了海军部的脸。

请你们尽快改善此事[1]。

1944 年 8 月 25 日

首相致印度事务大臣：

欧洲战事平息后，印度无疑仍会处于战争之中，鉴于此，我们现在要采取重大措施来安排好英国部队在东方的基本生活及福利，以及打算派遣哪支部队过去，这一点至关重要。我现在不知道何时可以进行运输，不过我认为，应该先制订计划。

1944 年 8 月 28 日

---

[1] 参阅 7 月 26 日致海军大臣的备忘录。

首相致外交大臣和伊斯梅将军，转参谋长委员会：

苏联人提议建立一支国际空军，我认为我们不该反对。此事涉及太多原则上的问题，无法仅从军事角度考虑。依我所见，英国公众肯定同意苏联人的建议，它看起来似乎的确是联合各国力量，能确保永久和平。上次大战结束后，我对这个问题发表了自己的见解，具体请看《战后》开头几章。据我所知，内阁无人反对成立国际空军。

我认为可以采取以下方法：和平委员会的每个成员国将其空军分为两个部分，国家空军和国际空军。国家空军保持现状不变，国际空军应进行类似的组织和训练，但服役时间为十年。国际空军身穿特殊的制服，可自由地与其他会员国的国际空军一起作战。国际空军所采取的任何行动都不得违背其本国的利益。

成立一支国际空军，此事非同小可，不可能仅由几个单独部门来商量决定。

1944 年 8 月 29 日

1944 年 9 月

首相致第一海务大臣：

来信已悉，不胜感激。您在商船修复报告书说道，从 1944 年 1 月到 6 月共修复了两千五百万吨以上的商船、运兵船、医院船，这比以前任何时期的数目都多了十分之一。我们击败了德国潜艇，虽然现在对船舶修复的需求不如以前那么大，但是你们能一边忙于准备"霸王"行动的各项特殊任务，一边还能取得如此的成绩，这非常值得表扬。

1944 年 9 月 1 日

首相致殖民地事务大臣：

直布罗陀应有二十四只猿猴①，必须想尽办法达到这个数目，并且以后也要保持这个数目②。

1944 年 9 月 1 日

首相致爱德华·布里奇斯爵士：

我十分关心活动房屋政策的实施情况。我们向追求房屋时尚的人士、地方当局及议会议员等人展示了我们的房屋样式，虚心接受他们各种的批评和指正，可结果只是浪费了将近五个月的时间，工作毫无进展。我非常重视这件事情，因为我曾公开向士兵做过保证。我们现在为了面子工程影响了实际进度。房子是不是造得最好又有什么关系呢？重要的是，士兵归来结婚时，我们能否给他们提供房子。如果我们不谨慎一点，只一味地追求设计样式，可能最后只能提供尼生式金属结构半圆形营房了。

我希望等我从（魁北克）归来时，你们能汇报实际情况以及计划如何加速建造大量活动房屋。为了实现目标，我指派比弗布鲁克勋爵组建了一个委员会，其中包括波特尔勋爵和布雷肯爵士。如有需要，该委员会可请求贸易大臣和卫生大臣协助。佩克先生担任该委员会的秘书。

伍尔顿勋爵目前正忙于准备建设工程的总体规划，我认为这些琐事就不要去麻烦他了。无论如何，等我于两个星期后回来时，我必须看到一份行动计划书，届时将呈交给内阁讨论。

请向相关部门传达此事，并说明我已对士兵做了承诺，必须实施此事，因为我认为一个人必须信守诺言。

同时，贸易大臣负责置办日用品、陶器、家具等东西，他目前进展到什么地步了？民用服装又有何进展？我希望他能就此事向我汇报。

---

① 据美国《国家地理杂志》1966 年 7 月号有关直布罗陀的专题报道，英国有个传说："只要直布罗陀的猿猴没有绝迹，该地就仍然归英国占有。"大战期间，猿猴的数目减少，所以丘吉尔下令保护，并从摩洛哥补进若干。——译者注

② 1950 年 6 月 30 日猿猴数量已达三十只。

战事变幻不定，说不定哪天就突然急需这些东西了，到时候就得优先解决军火，再解决日用品了。

1944 年 9 月 2 日

首相致建设大臣：

　　千万不可拖延订购临时房屋所需的材料和工具一事，也不能推迟这种供无家之人居住的房屋的建造进程。这些措施都是经我授权与您的，自会得到议会的批准。

1944 年 9 月 3 日

首相致建设大臣：

　　两个星期内，请向我全面汇报应取消的管制或"命令"，包括：1. 欧洲停战后立即执行的；2. 停战后两个月执行的。

1944 年 9 月 3 日

首相致建设大臣：

　　战争结束后，人民对布料、家具及器皿的需求会急剧上升。

　　请向我汇报你们计划采取何种措施来满足这种需求。

1944 年 9 月 3 日

首相致爱德华·布里奇斯爵士：

　　指示如下：

　　如何在最短时间内建造尽可能多的各式活动房屋，并且不妨碍正常建筑业的实施，请对此制定一份最佳方案并附上项目表。委员会可能会认为，倘若内阁批准了这个项目，势必会影响军火生产，此时又该如何安排。请在本月 20 日前完成这份报告，待我回来时交给内阁决定①。

1944 年 9 月 4 日

---

　　①　参阅 9 月 2 日的信件。

首相致帝国总参谋长：

如能更新这份表格（1944 年 9 月 1 日西线各师列表）的数据，我将不胜感激。

两个集团军坦克旅相加就相当于一个师，但您似乎并没有把集团军坦克旅的数目计入英国军队或美国军队中。

如果不把这个计算入内，而计入意大利和法国的军队，那么英国则拥有三十四个师，美国拥有三十个师。如果新数据传来，这个数目可能还会变化，但是无论如何，这些都是我们前去（魁北克）开会的坚强后盾。

1944 年 9 月 10 日

首相致伊斯梅将军，转参谋长委员会：

请阅览这份电报①。虽然国内正在解决此事，但是最好也让参谋长委员会对此发表一下见解。

我拟好以下内容预备发给利特尔顿先生，希望参谋长委员会也能就此发表见解：

"我十分怀疑本年年底能否结束对德战争。战争规模可能会缩小，但是应该会持续到 1945 年。不过，只要内阁和国防委员会同意，我也赞同您提出的切实措施，因此，随时欢迎您把计划书递交给内阁。"

1944 年 9 月 14 日

1944 年 10 月

首相致陆军大臣：

亚历山大将军极力请求供应更多啤酒给意大利军队。据说，美军每周分得四瓶，而我们英军要分得一瓶都难。请立即想想办法，如果

---

① 生产大臣来电谈到了内阁的决定（人员的指标现在可以假定对德战争不超过 1944 年）对于生产的影响。

涉及其他部门，您可向我寻求帮助。请制定一份包含时间表的啤酒供应计划给我，也要考虑原料进口问题。啤酒供应需优先考虑前线的作战部队，只能等供应充足时再照顾到后方部队。

1944 年 10 月 23 日

请假问题也急需解决。哪怕只有一小批人能休假，那也是极好的。请拟定一个每月一千人休假的计划。休假的人能否借道法国回国？我知道马赛港已非常拥堵，但还有其他路线可用吗？请假应优先照顾参战部队。

1944 年 10 月 28 日

首相致军事运输大臣：

冬季，公众已经受到了灯火管制，尤其是伦敦人民，所以必须设法改善交通设施，提供便利，此事非常重要。我发现排队等公共汽车的人似乎越来越多，请向我汇报具体情况，并制定改善措施。

1944 年 10 月 28 日

首相致第一海务大臣：

我请杰弗里·劳埃德先生简单汇报了"冥王星"[1] 的进展情况，他告诉我，他正在努力把海峡汽油管道的运输能力提高到每日一百万加仑。如此巨大的运输能力，肯定可以节省很多油轮和人力。我希望您能想方设法尽快铺设所需的油管。此事关系重大，如有任何进展，请向我汇报。

1944 年 10 月 31 日

1944 年 11 月

首相致陆军大臣及帝国总参谋长：

毫无疑问，我们当然要派人前去华盛顿接替迪尔元帅[2]的空缺。

---

[1] "冥王星"是海峡输油管的代号。

[2] 当时迪尔元帅的病显然无法好转，他死于 11 月 4 日。

我认为梅特兰·威尔逊将军是最合适的人选，除此以外再无其他人可以替代。他可担任我们代表团的团长，而且我相信，凭借他的性格和资质，他可以和总统及马歇尔将军相处融洽。

此外，今年年初刚成立的地中海战区大大缩小了作战范围和规模。地中海东部悄无声息；希腊正在加快解放的步伐；岛上的德军像是腐烂的果子一般，摇摇欲坠。美军已经攻陷了里维埃拉战线；艾森豪威尔将军也已将德弗斯将军的军队收编；法国也控制了突尼斯和阿尔及利亚。现在只剩下亚历山大将军指挥的意大利战役了，可能需要越过亚得里亚海进行作战，不过这也只是意大利战役的残局罢了。

因此，我认为时机已经成熟了，可以任命梅特兰·威尔逊将军替代迪尔元帅在华盛顿的位置，任命亚历山大将军担任地中海最高指挥官或其余职位。毫无疑问，亚历山大将军调任最高指挥势必会导致意大利两个参谋部的人数减少，这是无法避免的副作用，我们可日后再讨论。你们有何见解，请告知。

1944 年 11 月 3 日

首相致伊斯梅将军，转参谋长委员会：

进入希腊的作战部队相当庞大，有辅佐部队和随从部队，但仔细一看，真正的作战部队却微乎其微。我们为什么不多派几营步兵去？那里似乎只有两个营，总人数两万两千六百名，但常规的英国步兵只有一千五百名。

1944 年 11 月 5 日

首相致伊斯梅将军，转参谋长委员会：

艾森豪威尔将军曾和我提到，根据目前的作战情况，如果我们能够设法抵达靠近鲁尔区的莱茵河，那美军的远程火炮就可以控制和摧毁该地区的一半区域。那些我们设置在多佛地区的重型火炮能否同样奏效，特别是那些安装在铁道炮架上的？直径长达二百四十毫米的美国中型大炮射程可达到三万码之远，不知穿插使用我们十二英寸、十

三英寸，甚至十五英寸口径的大炮是否也能奏效？装在铁道炮架上的主炮射程是多远？我担心我们十八英寸榴弹炮的射程过短。

无论如何，我们都要把整个过程严谨地核实一遍，并且要制定计划帮助艾森豪威尔将军运输约二十门的远射程重炮。如果安特卫普港开放，那很可能就从那里经过。时来运转，这些重炮我已存留有二十五年之久，现在终于有了用武之地。

1944 年 11 月 16 日

首相致生产大臣和粮食大臣：

供应苏联罐头肉之事。

我不明白为什么粮食大臣没有明示我们，即如果办理此事，我们要为这两千万美元埋单，也不明白他有什么权利委托华盛顿代表同意供应四万五千吨粮食。内阁和财政大臣当然应该事先商讨此事。商议过了吗？如果没有，他们现在必须讨论此事。

上述言论是基于粮食大臣的报告。但据说这与斯大林的滑稽之谈有关，他认为人类的进步是从石器时代停止嗜食同类开始，随后他又有其他同样戏谑的言辞。我不同意仅凭一个想法就让我们承担义务或为此埋单，翻看此事的秘密记录便可了解情况。

关于这个话题，是否进行了其他方面的洽谈？苏联是否真的请求过这批食品？我们目前到底正式地对他们说过什么？以上质疑并不是说即便英国不会遭受任何损失，我也不想给苏联人提供肉食。不过我认为，这件事情应该在一些更大的谈判中进行，这样才能发挥它的作用。而且，就目前而言，我反对采取任何行动。我们尽可先等苏联提出要求后，再和美国商量。此事提交内阁供下次会议讨论，届时希望粮食大臣向我说明情况，把事情弄清楚。

1944 年 11 月 16 日

首相致殖民地事务大臣：

我对那件事（关于巴勒斯坦和莫因勋爵被刺向下议院提出的声

明）思考了一天，想到了以下几点。暂停移民或者以暂停移民相威胁会不会反倒帮了极端分子的忙？目前犹太人似乎对莫因勋爵之死非常震惊，心里产生了情绪，他们更倾向于接受韦兹曼博士温和的建议。之前提议的通告可能会引起另一种不同的冲击，非但不能增加他们的悔过之心，反而可能会转移成为反对政府、充满仇恨的抗议，届时将无法控制。毫无疑问，韦兹曼博士肯定要参加抗议（因少数人的行为导致整个团体受到惩罚），但是在这样一种情况之下，主动权将会转移到极端分子手里。这样一来，那些暗杀的负责人将会变成受益者。犹太复国主义的整个武装力量甚至全世界的犹太人可能会团结起来反对我们，而不是反对恐怖团体。

目前的形势势必需要采取非常手段，但是否需要更加明确地针对团体中的那些直接负责人——例如，严厉处罚那些私藏军火或者参加了非法集会的那部分人。特别是，那些极端分子的羽翼是政治犯罪的始作俑者，也是那些表面上可敬的党派领导，对于那些人是否要采取行动？如果他们的国籍不是巴勒斯坦，可以把他们驱逐出境；如果是巴勒斯坦国籍则处以流放。

1944 年 11 月 17 日

首相致内政大臣：

我认为我不会同意在委员会设立一位非部长级的主席。严格来说，这是行政事务。过去，我们都曾一致同意将士们可以机会均等地行使选举权。为此，在选举中，投票候选人适当了解他们自己的选区情况，这无疑会优于代理投票。然而，在那些缺乏周到服务的偏远地区，代理选举就在所难免了。既然我们已经在原则问题上达成共识，那就不再需要公证人。我知道您的委员会需要详细地了解细节并清除障碍，而我正准备给司令们发电报，请求他们从自己的立场去看待这件事情。我坚信，我有责任给将士们提供适当的保护措施让他们可以投出理智的一票。如有必要，战时内阁可进行详细调查，召集他们认为合适的证人。亚历山大将军即将抵达此处，我预计蒙哥马利元帅不久也会飞

来。这两个总司令的部下占了部队五分之四的选票额。任何重大问题都应交由战时内阁来决定。既然我们一致认同将士们可以表达他们的意愿，那我们之间就不该存在任何严重的分歧。

1944 年 11 月 19 日

首相致陆军大臣：

我们已同蒙哥马利商定由他遣散一些在战时募集的但已伤残的部队，而不是遣散具有悠久历史的现代化的英国义勇骑兵团。然而，奥康纳将军却来信说，建议使用牛津郡轻骑兵团替换皇家炮队第九十一（阿盖尔和萨瑟兰郡的高地人部队）反坦克团。不管怎么样，这表明又要拿一支表现良好的地方部队开刀。详情请看附件。毫无疑问，肯定会有比这更好的办法来安置牛津郡轻骑兵团。如有必要，我会给蒙哥马利元帅发电报商量此事。另外，请向我汇报这件事情并对附件上所提及的几个特别要点给予答复。

随函附信是一位军官捎给我的。不管是捎信的人，还是写信的奥康纳将军，我对他们全权负责。你们决不许采取措施惩罚他们。这种通信是特许行为，我个人负全责。

1944 年 11 月 19 日

首相致陆军大臣：

办得好，继续努力。确保前线的将士们每周分得四瓶啤酒后，再向后方部队供应啤酒①。

1944 年 11 月 20 日

首相致外交大臣：

我完全支持主计大臣的关于法国及低地国家粮食救济的备忘录。我相信在过去的四年里，西欧的伙食比英国的要好些，解决运输问题

---

① 参阅 10 月 23 日的备忘录。

便能真正解决难题。

1944 年 11 月 20 日

首相致外交大臣：

　　我认为，冬季战役即将结束的时候正是感谢这位卓越的美国将军（艾森豪威尔将军）解救伦敦城的最佳时机。显然，当时无人能及他。

1944 年 11 月 26 日

首相致海军大臣：

　　虽然目前没有紧急情况，但是海军的奖金不应该被剥夺。我反对扣除奖金，我记得上次我们也争辩过此事。

1944 年 11 月 27 日

首相致外交大臣：

　　请时刻牢记一点，我们随时可以对美国说："你们是否愿意接管埃塞俄比亚？我们当然不会接管。"届时，您就会发现他们会迅速且谦虚地推辞掉。

1944 年 11 月 30 日